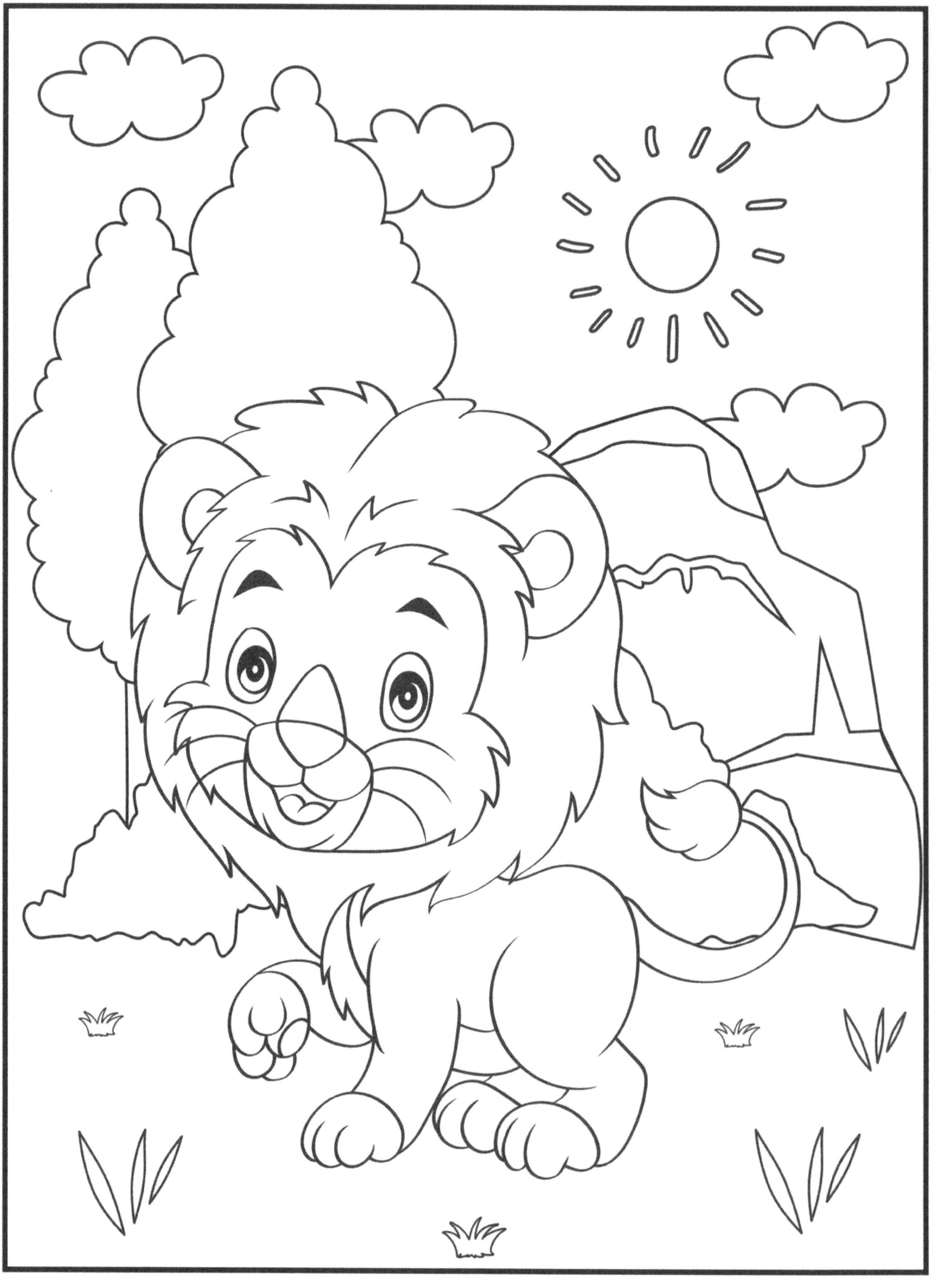

Questo libro appartiene a:

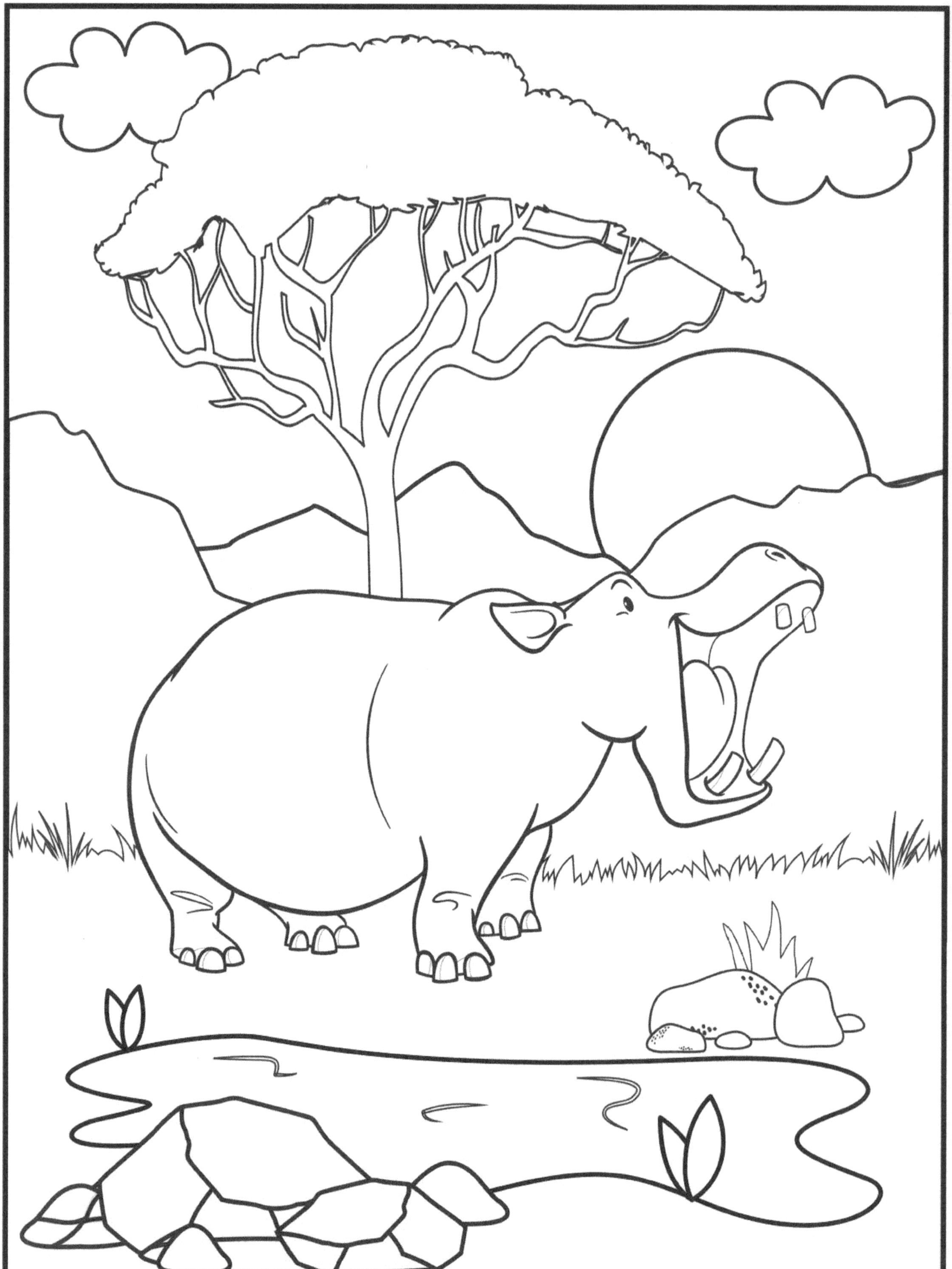

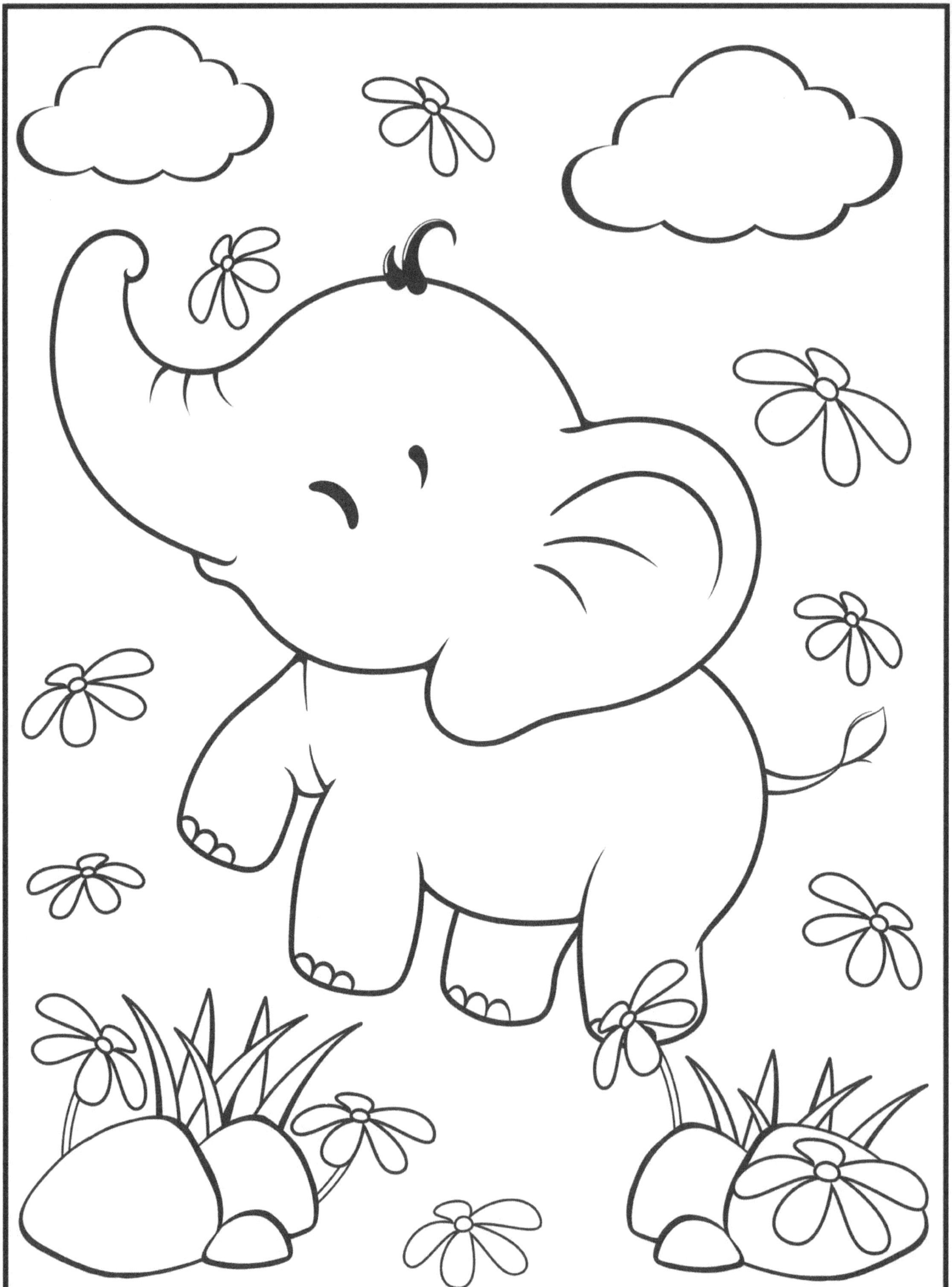

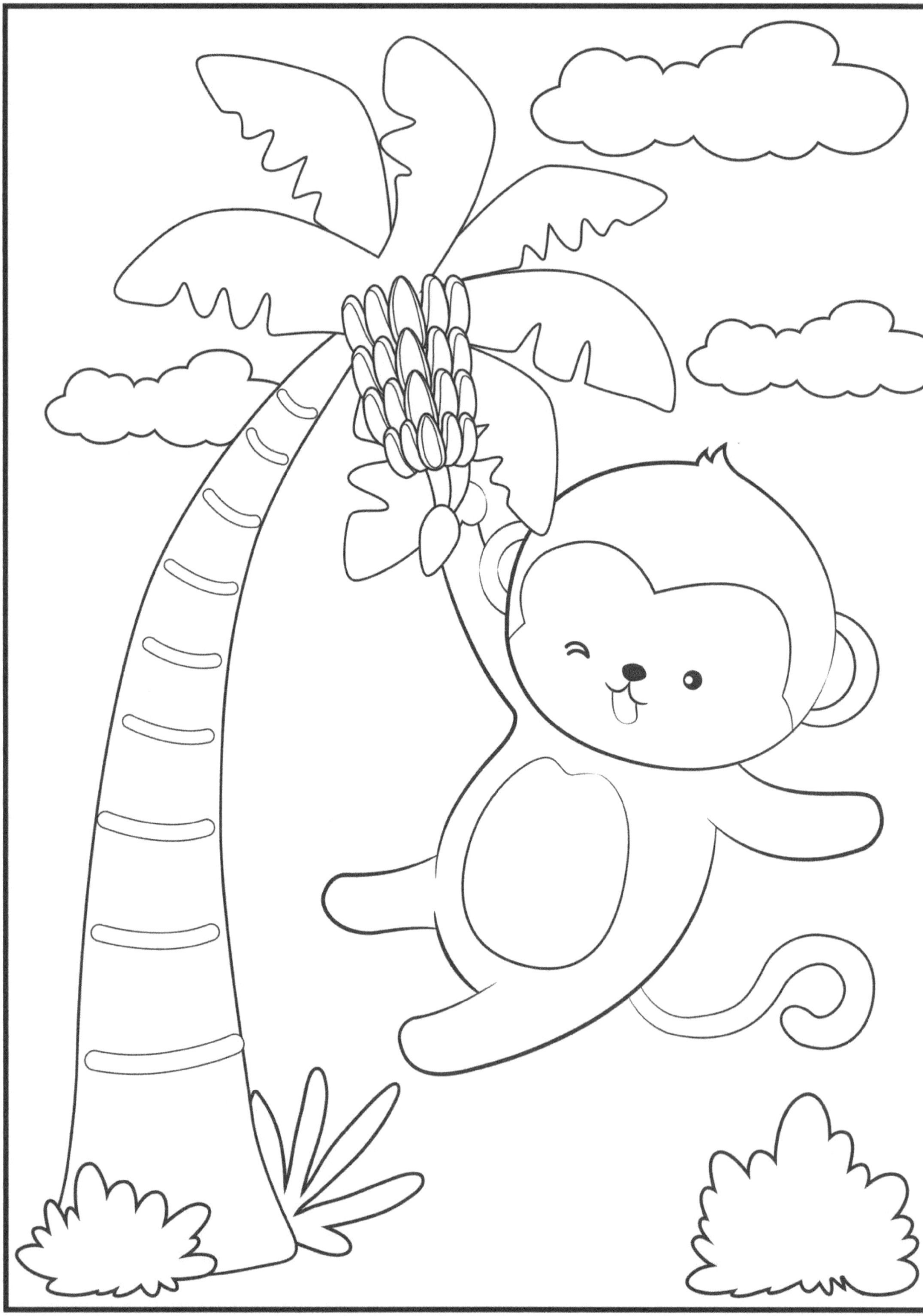

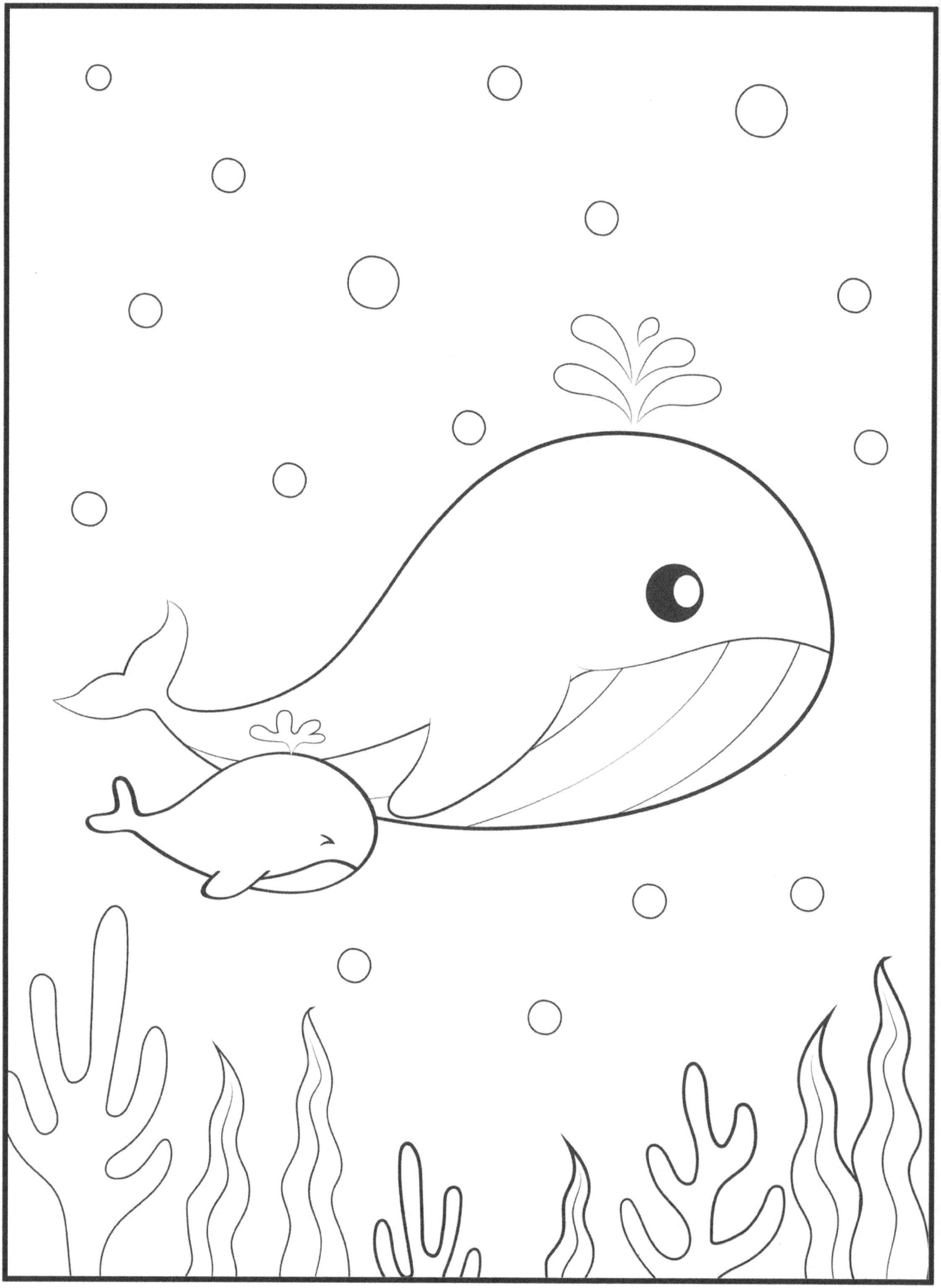

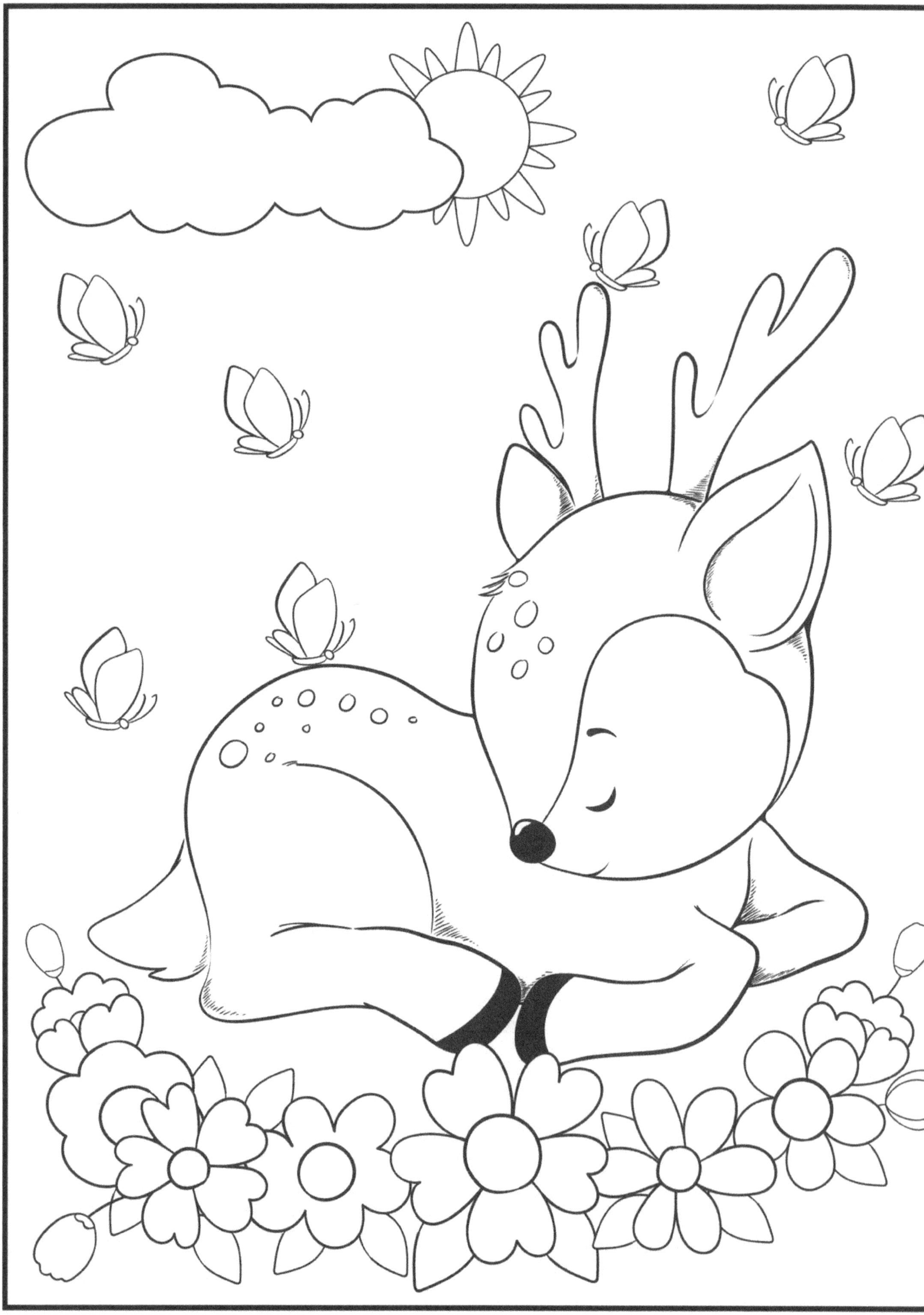

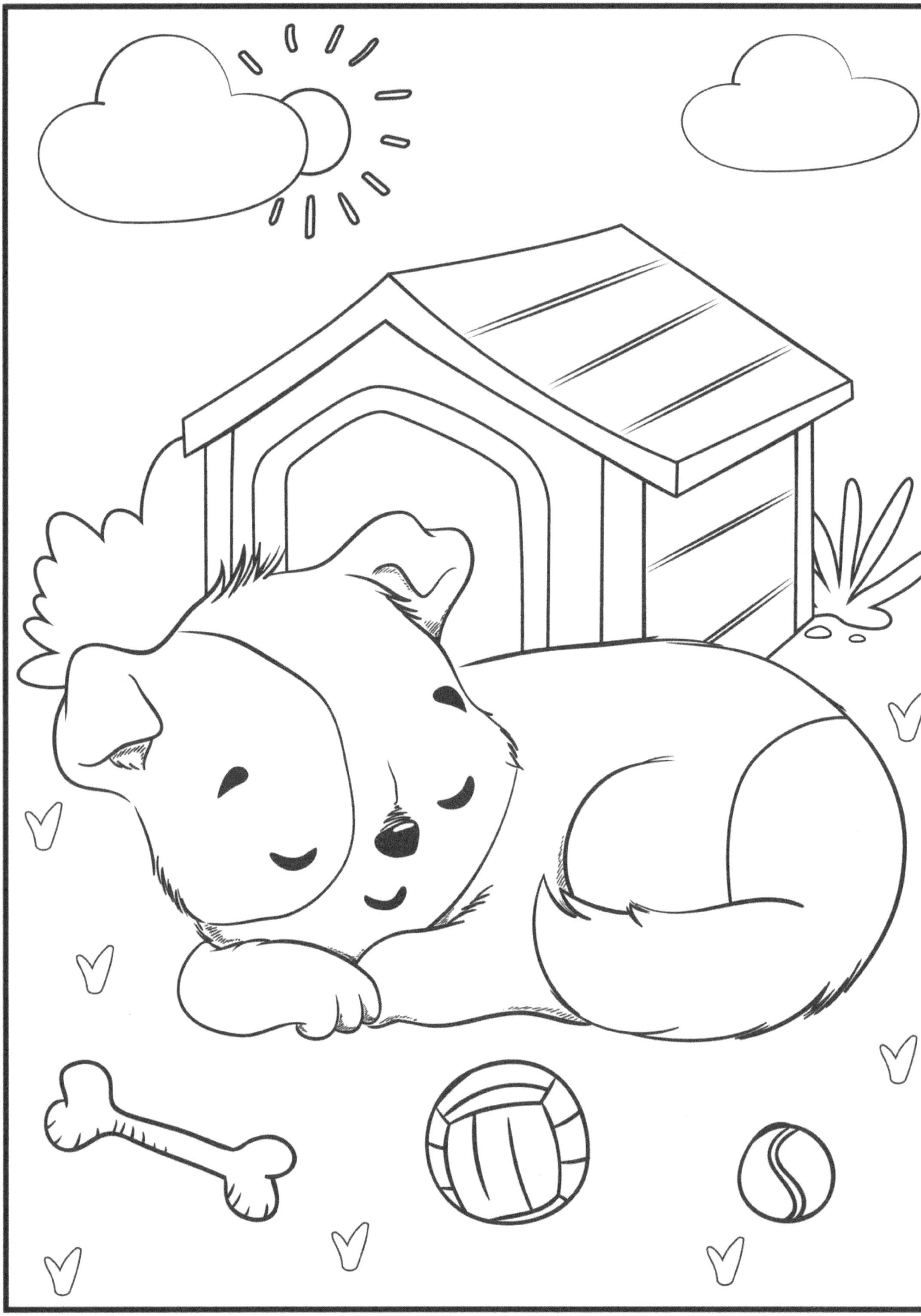

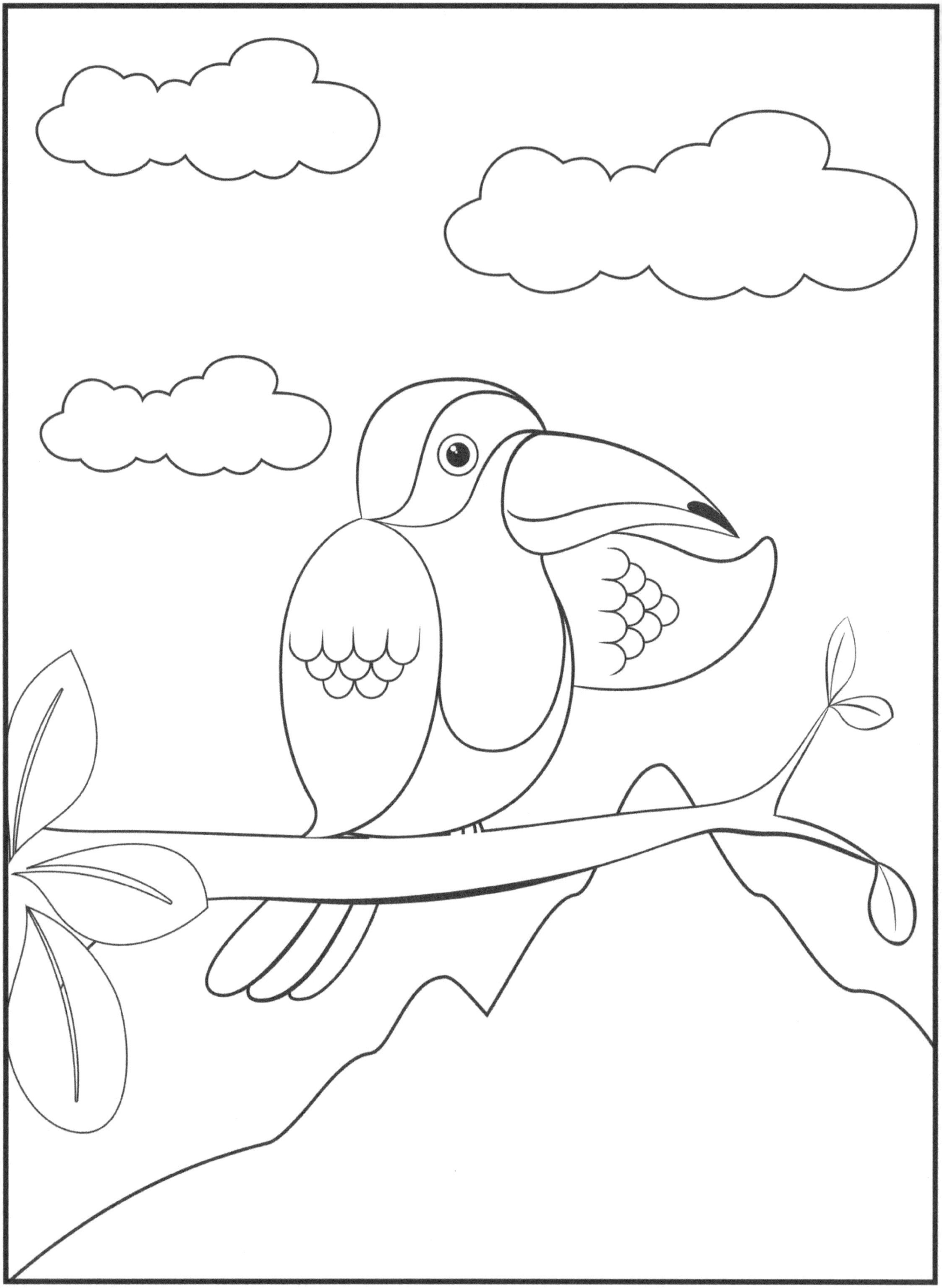

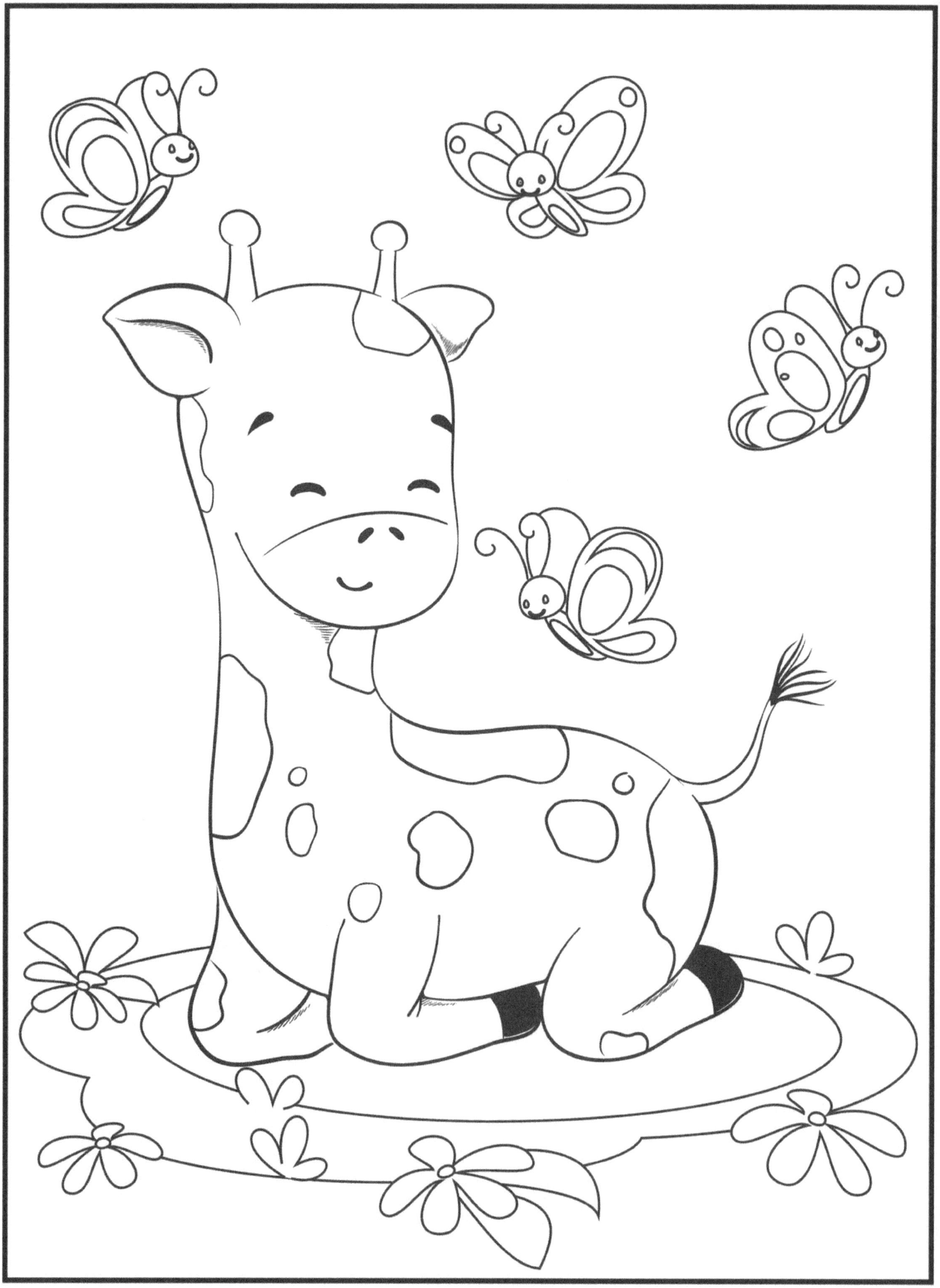

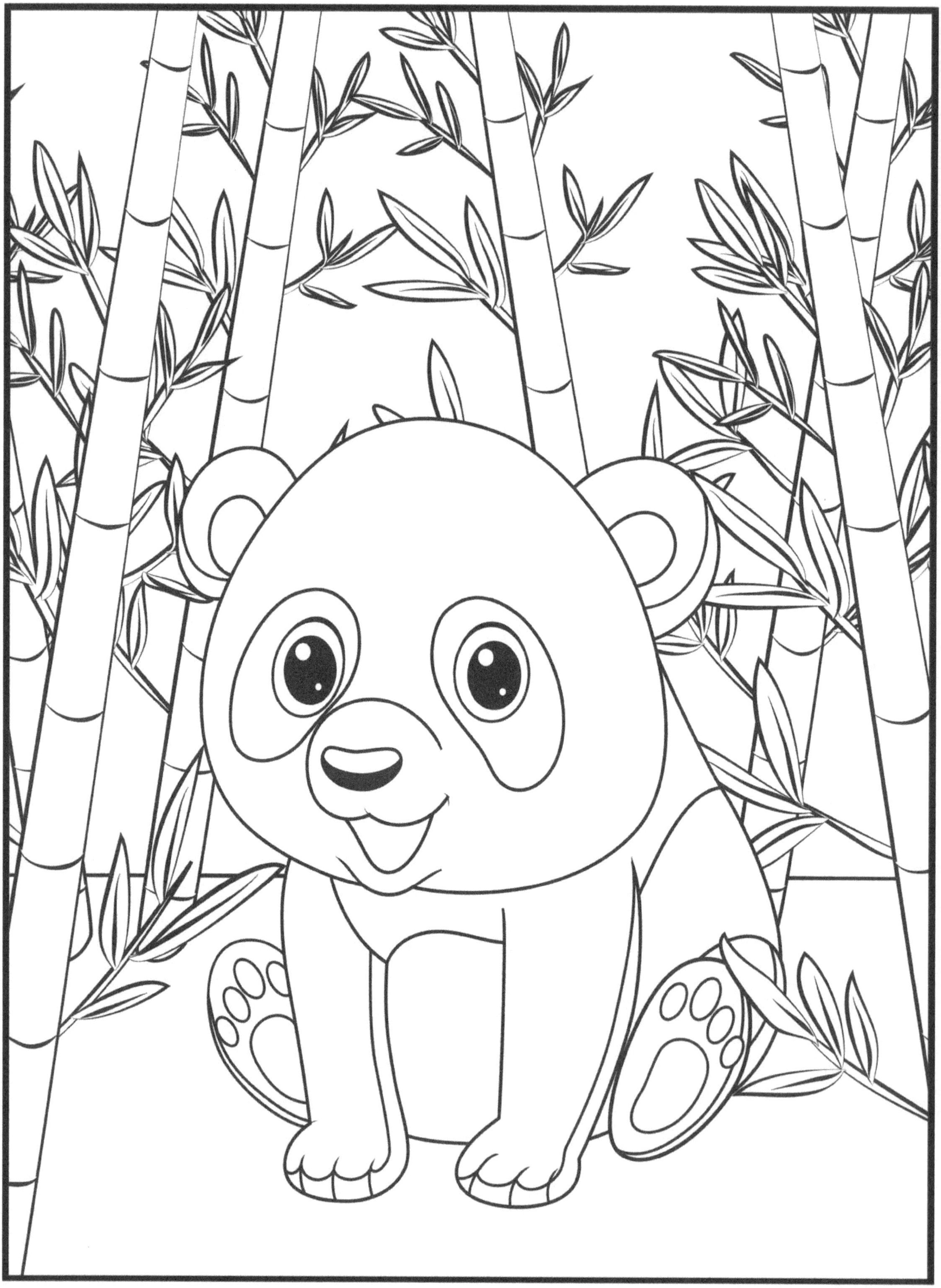

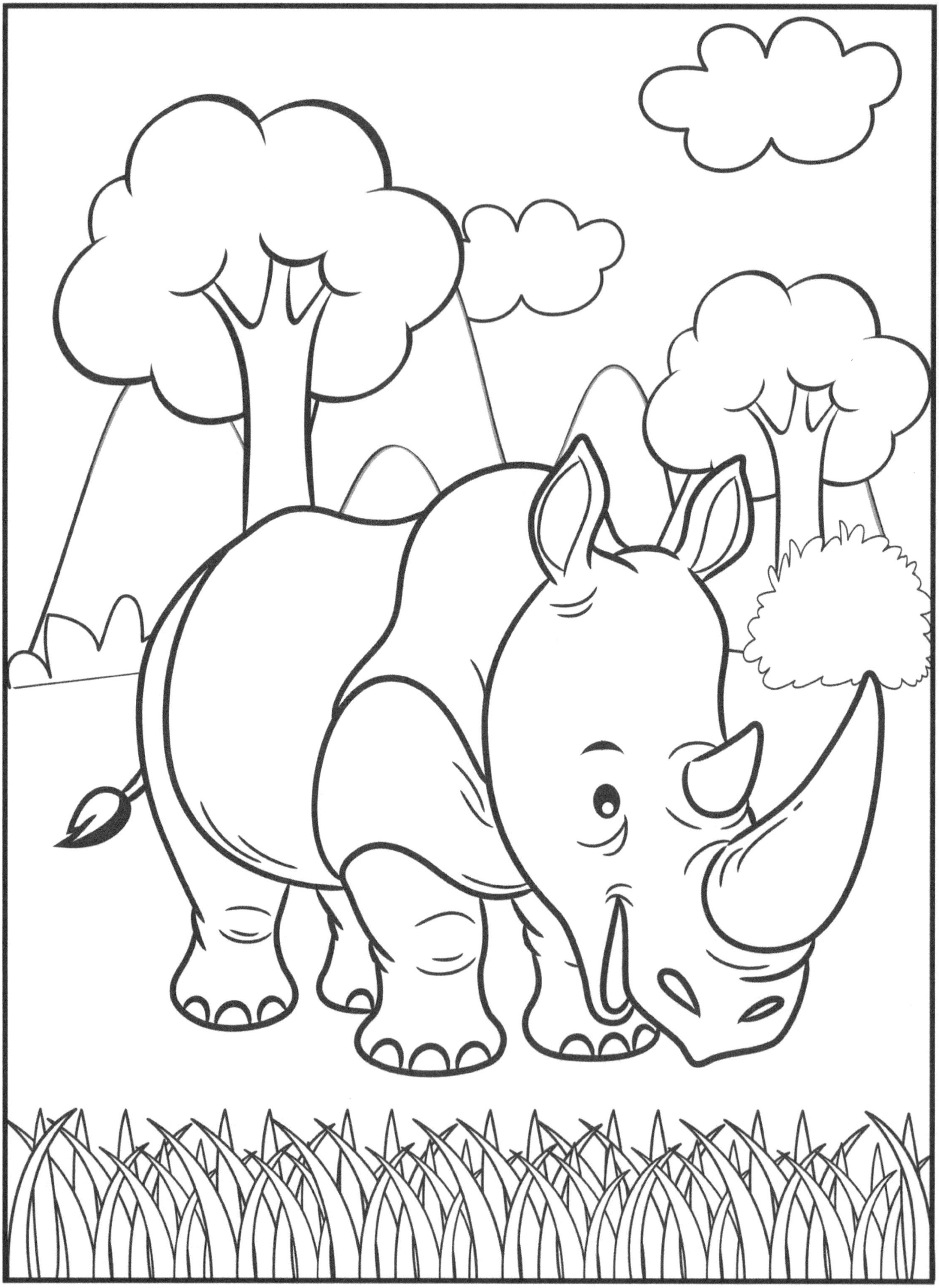

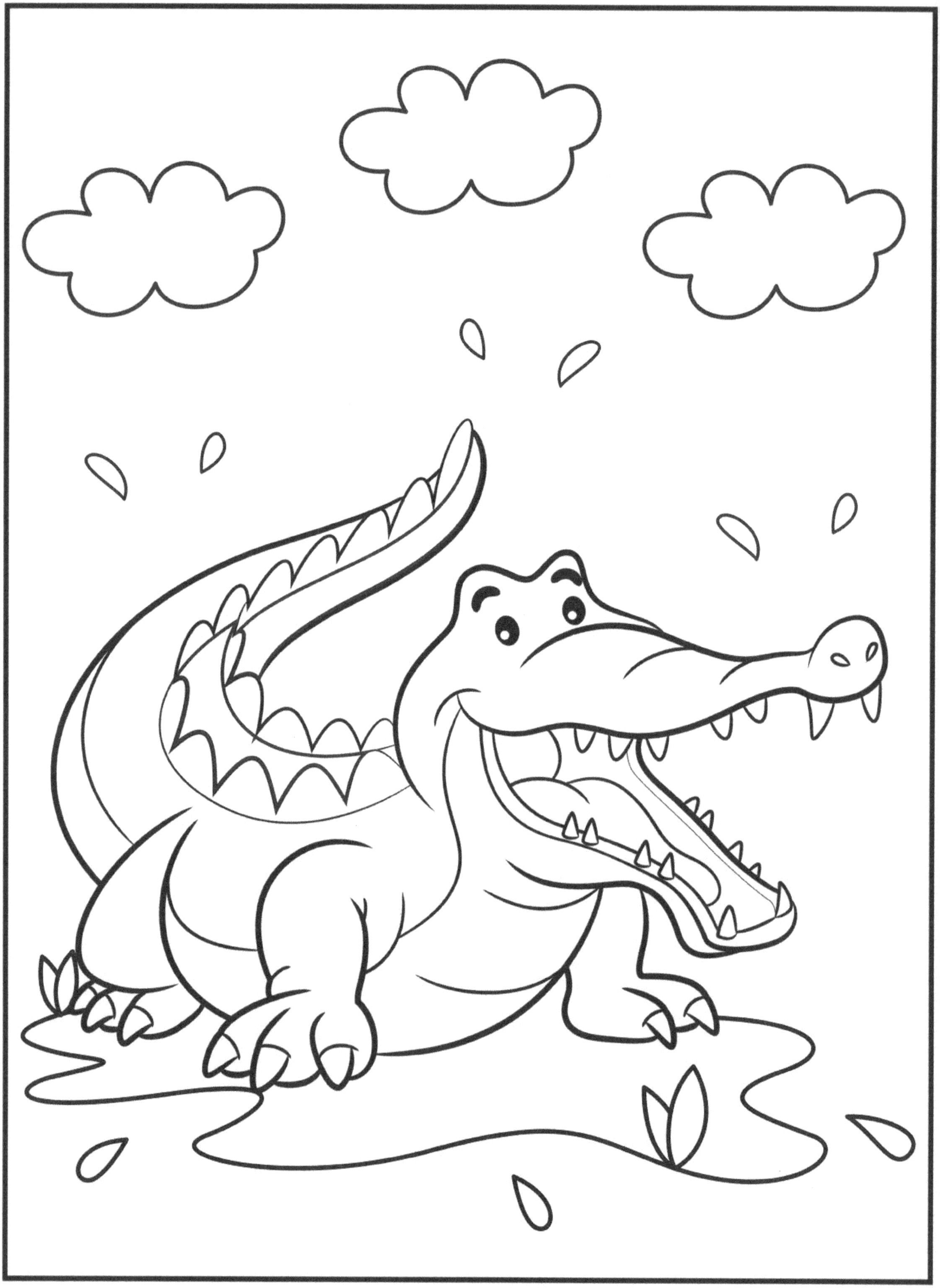

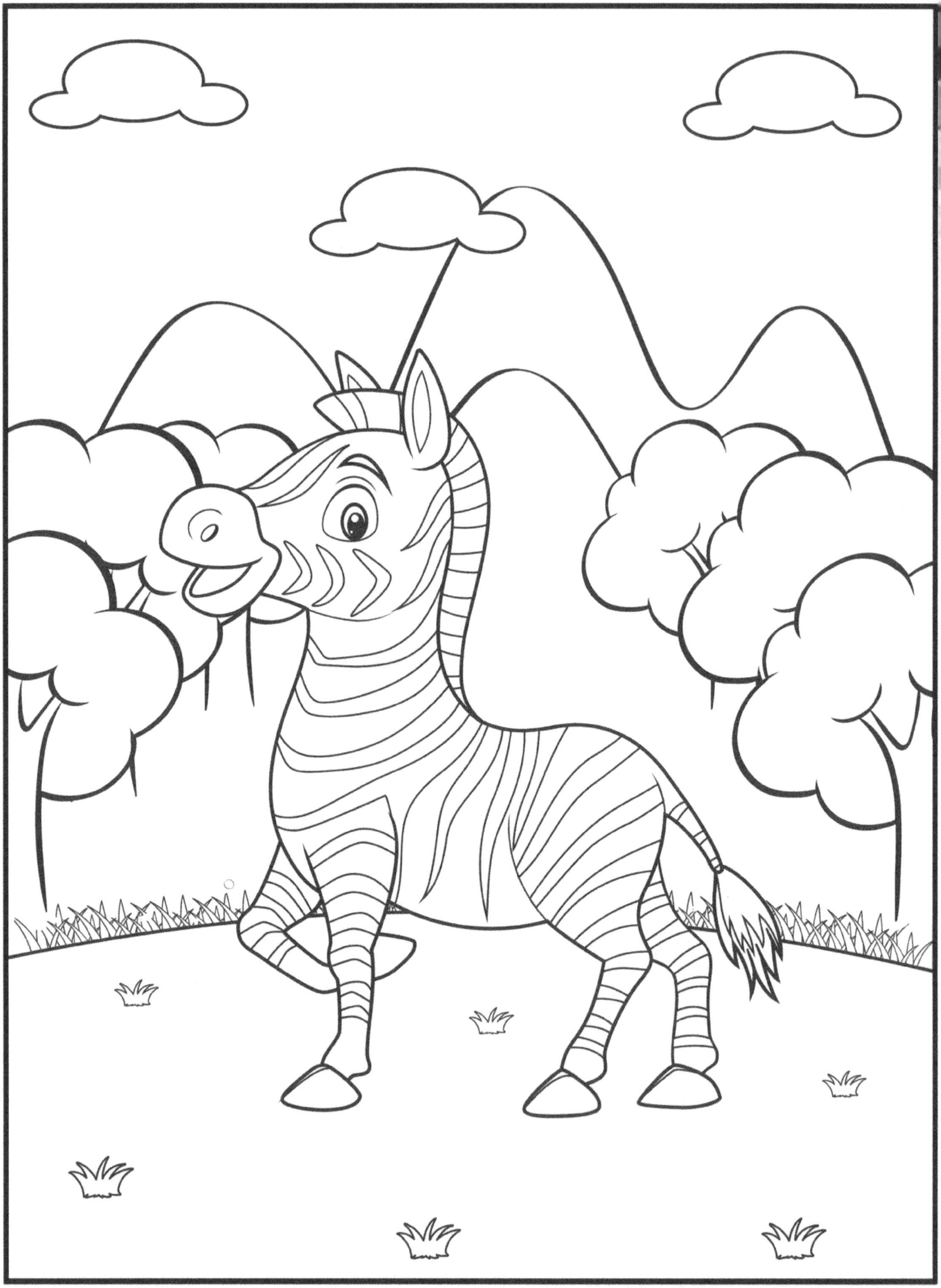

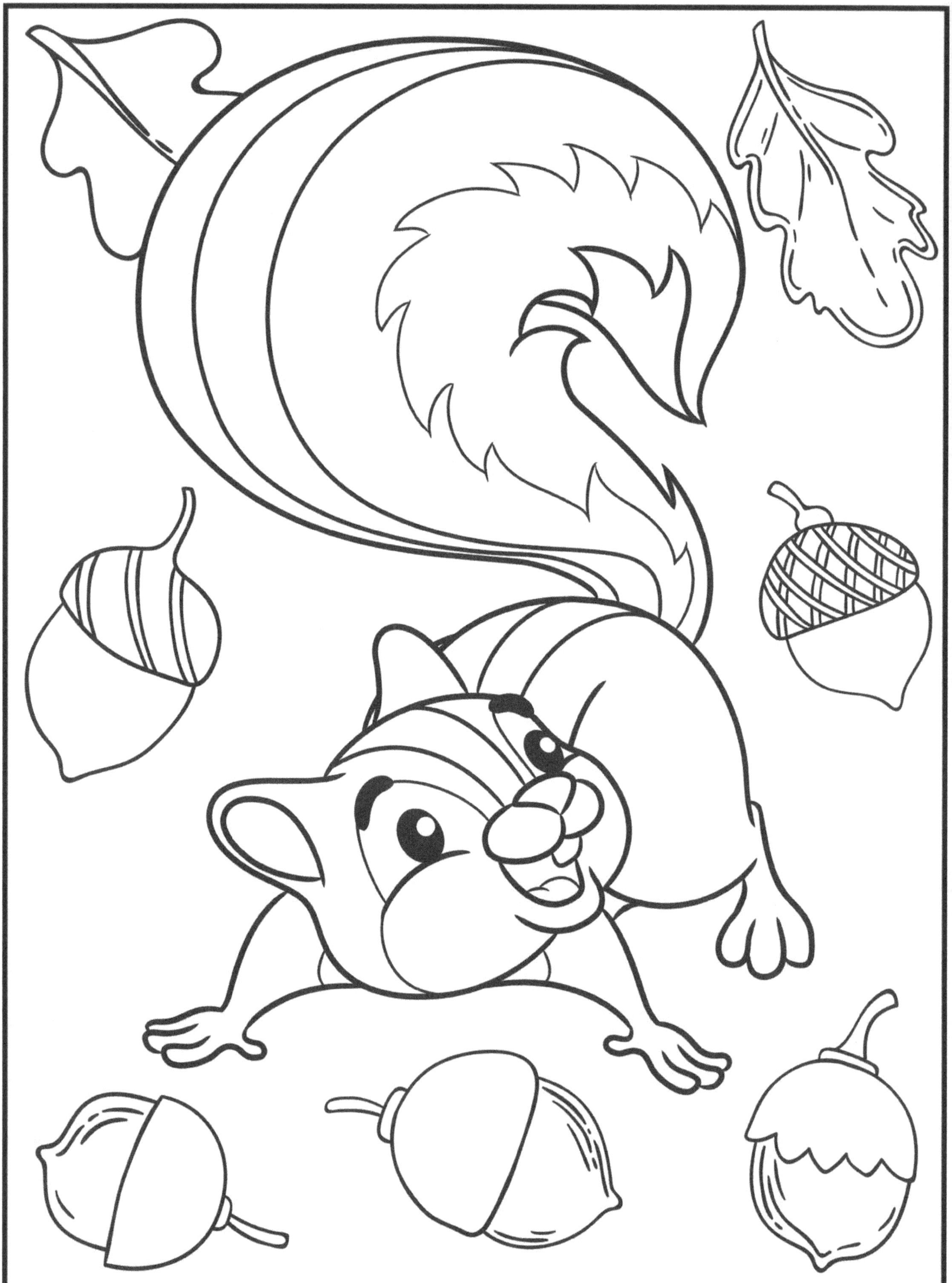

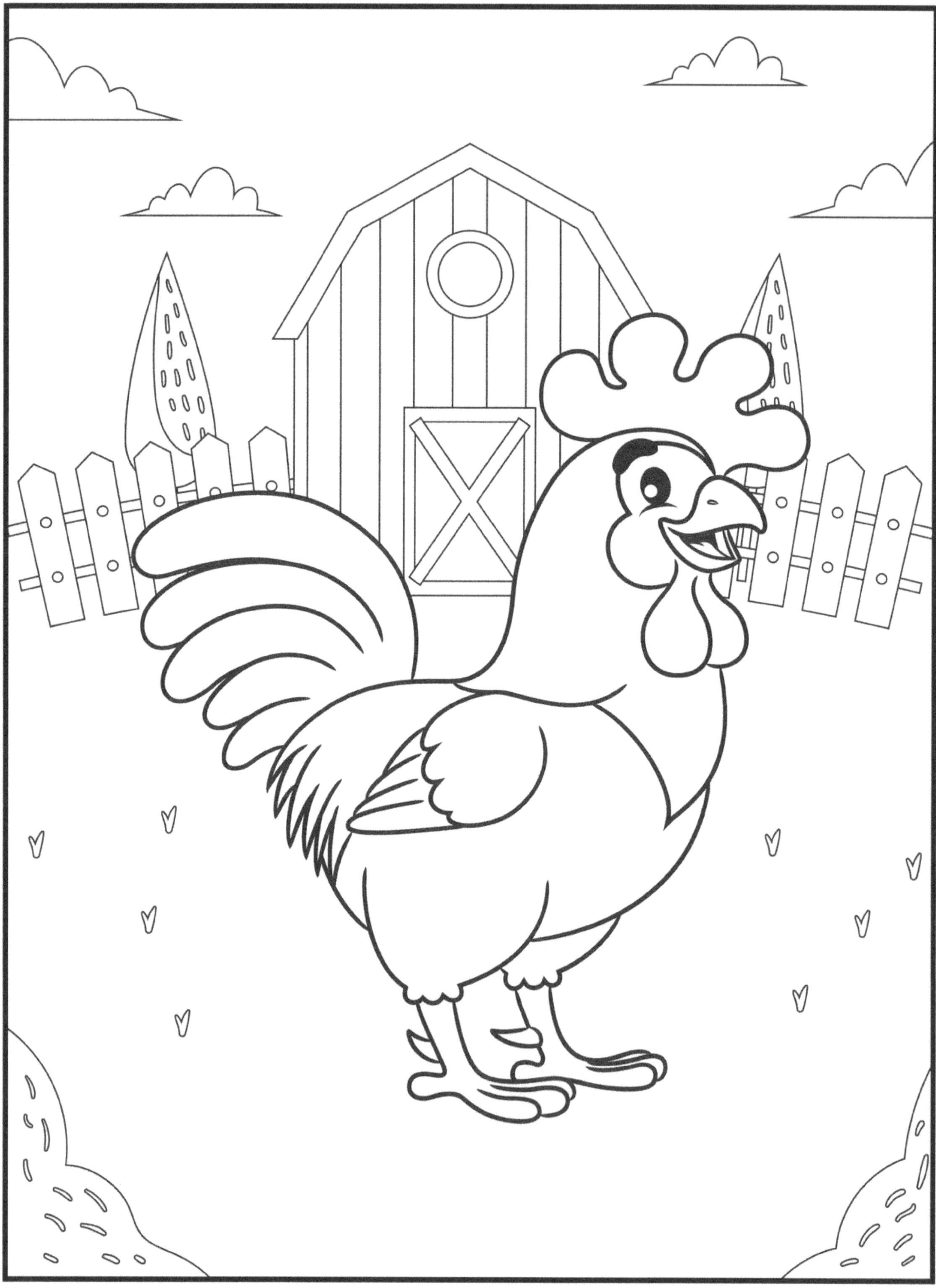

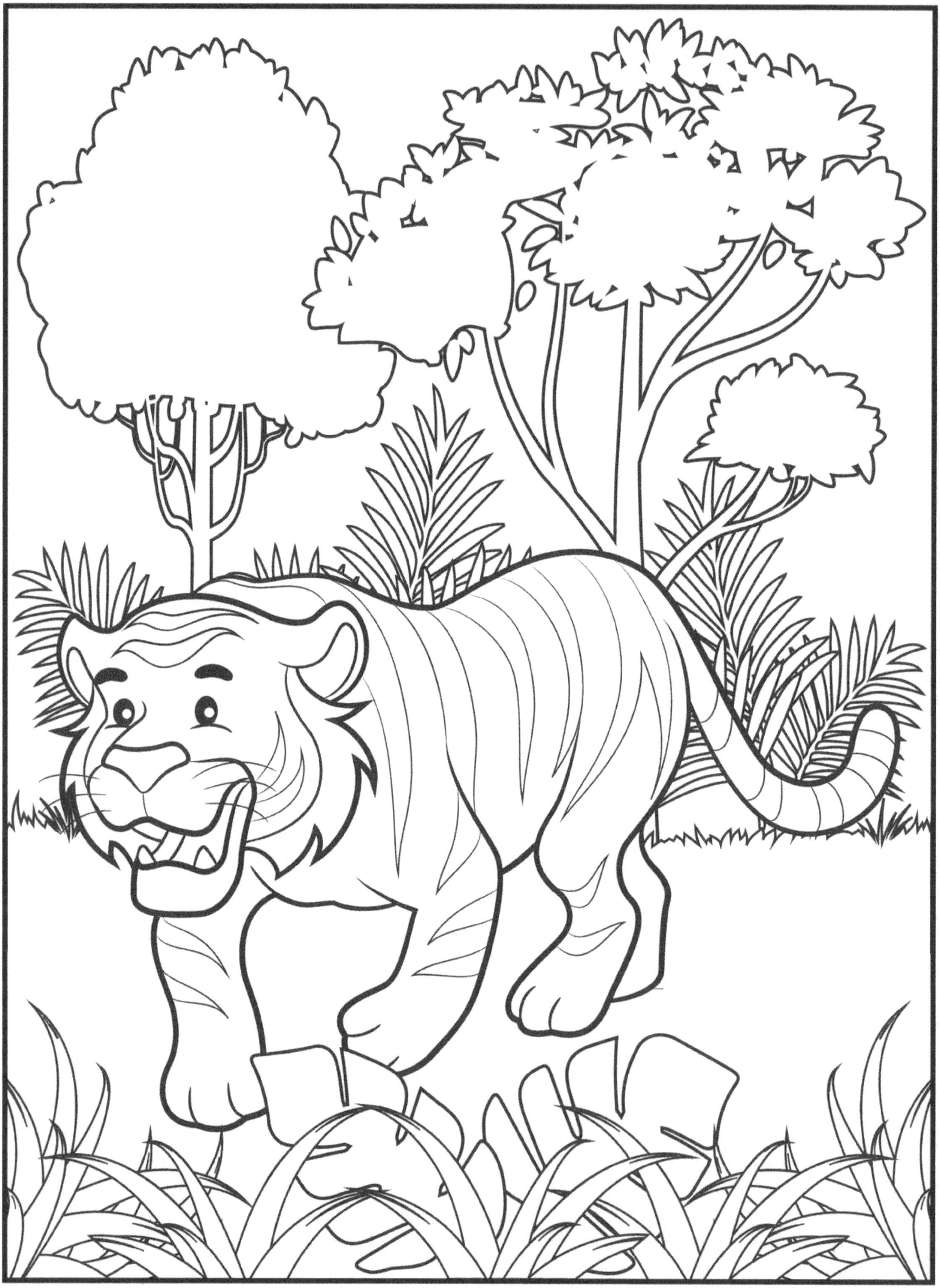

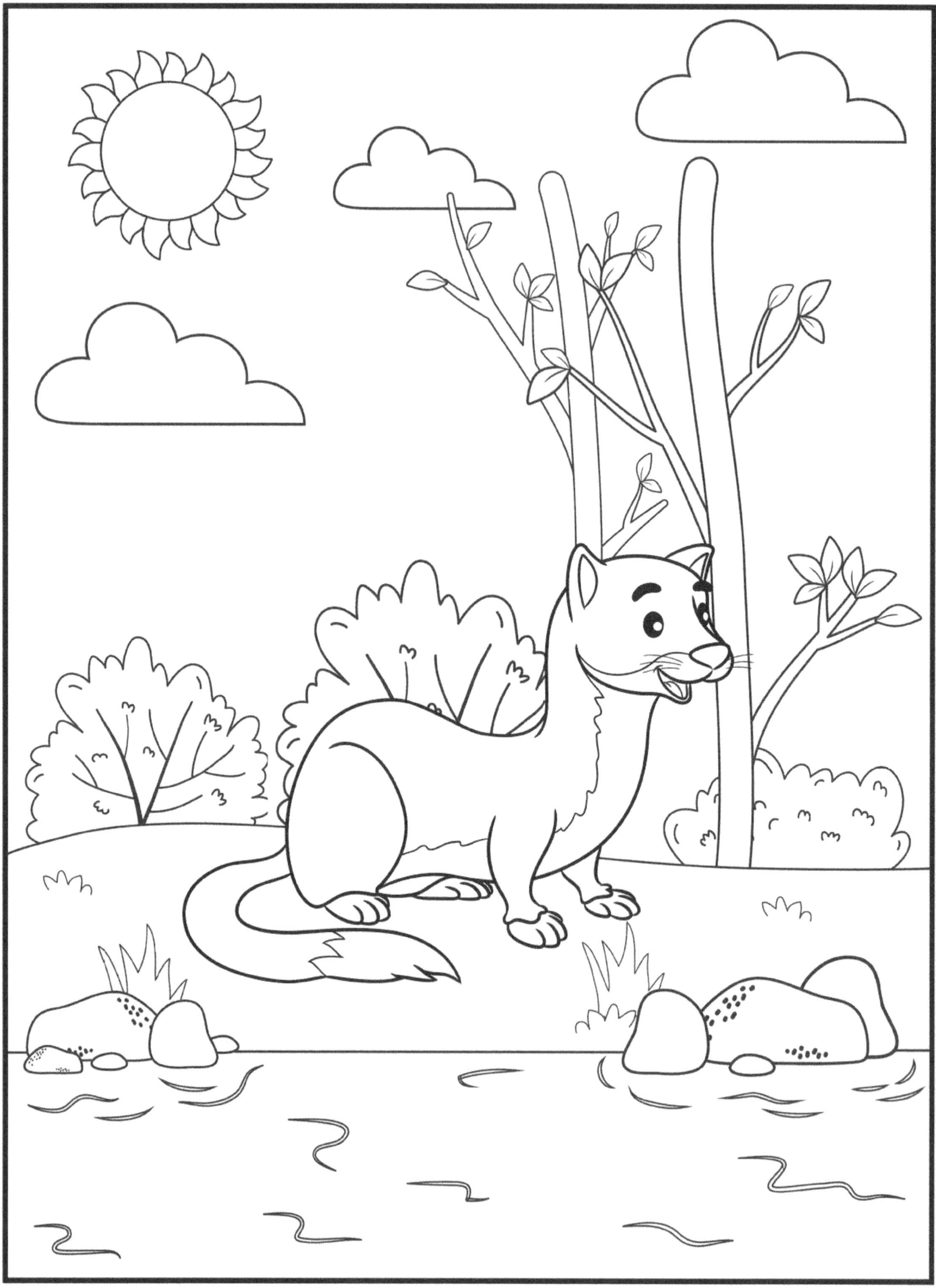

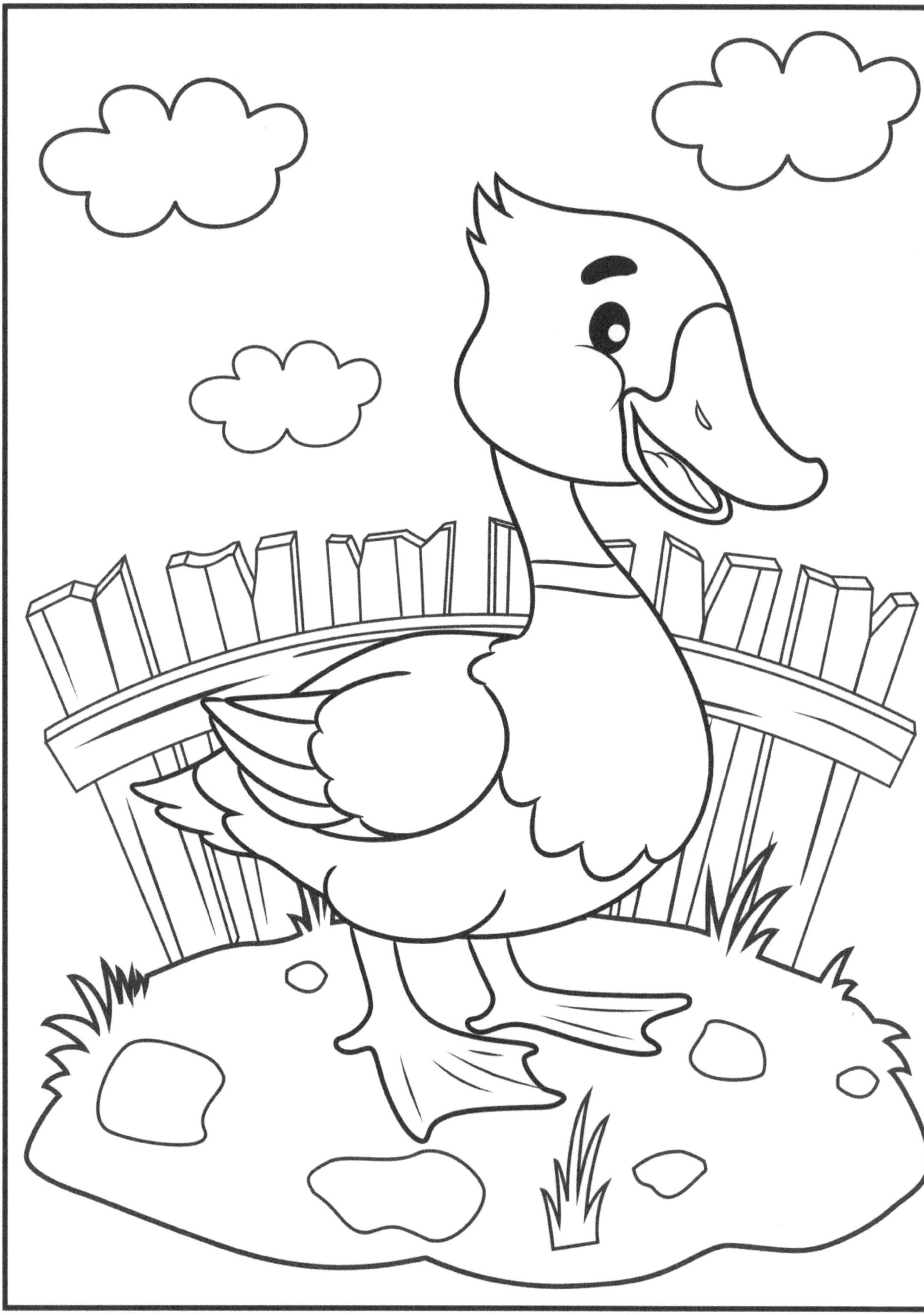

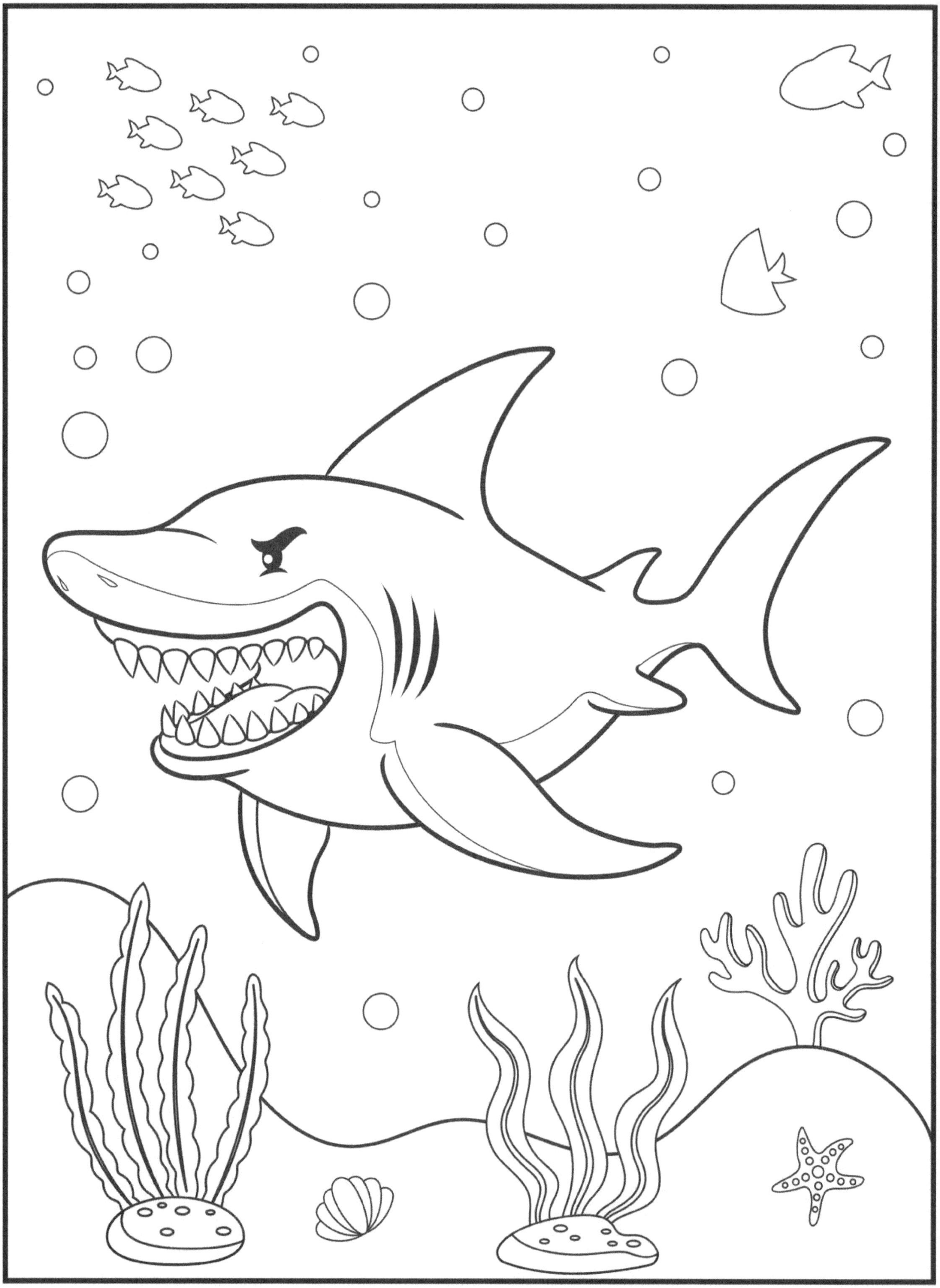

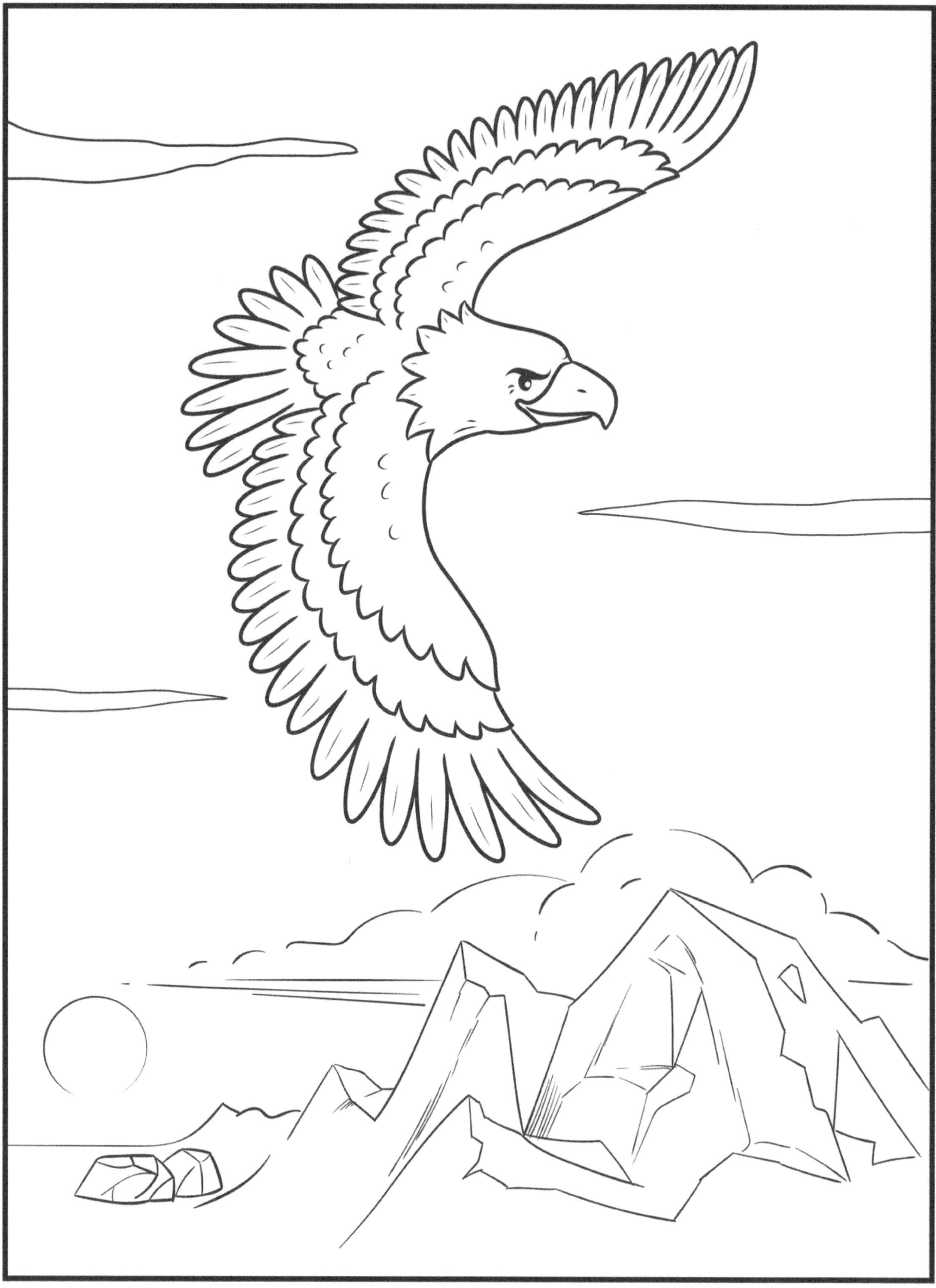

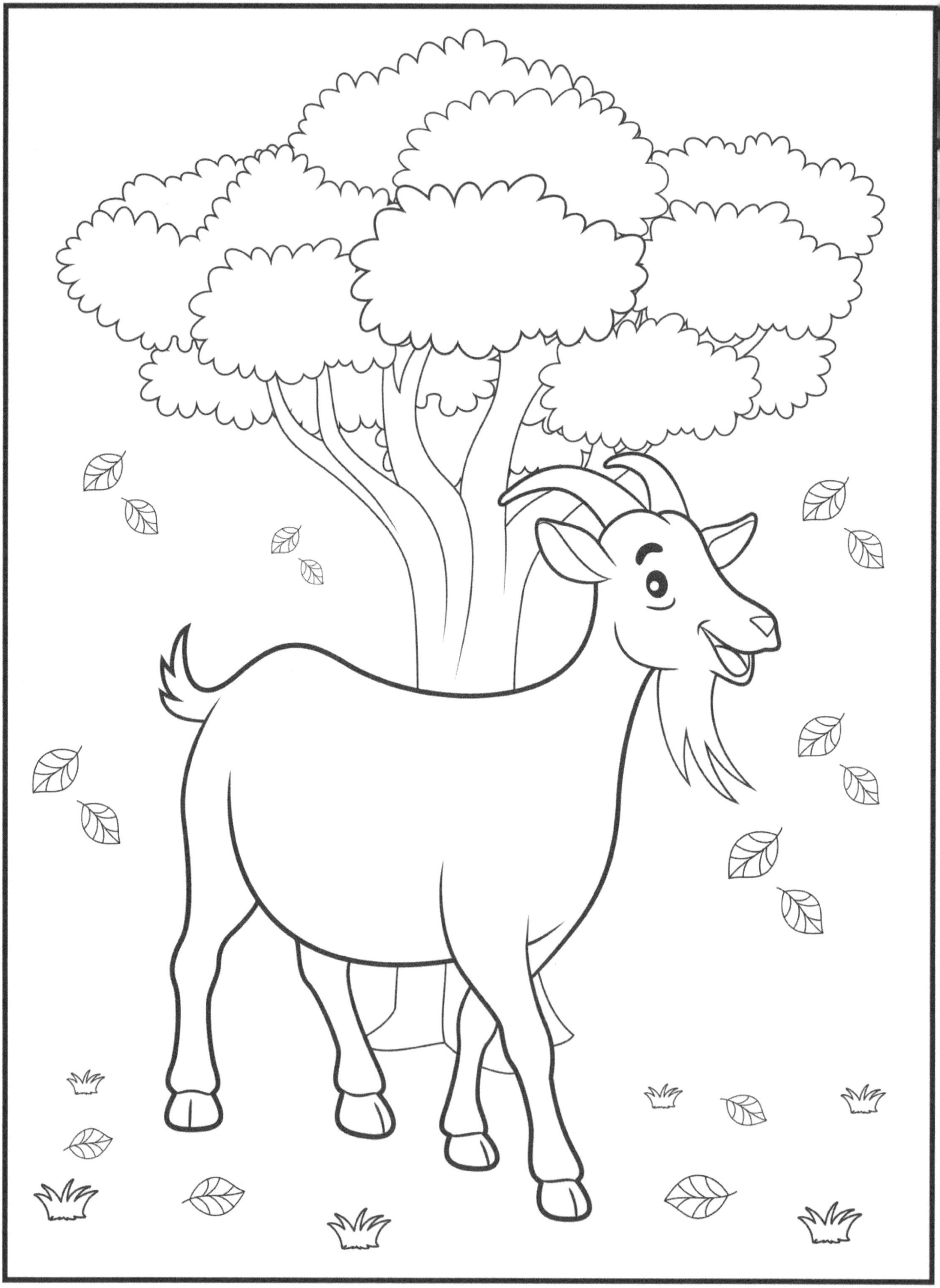

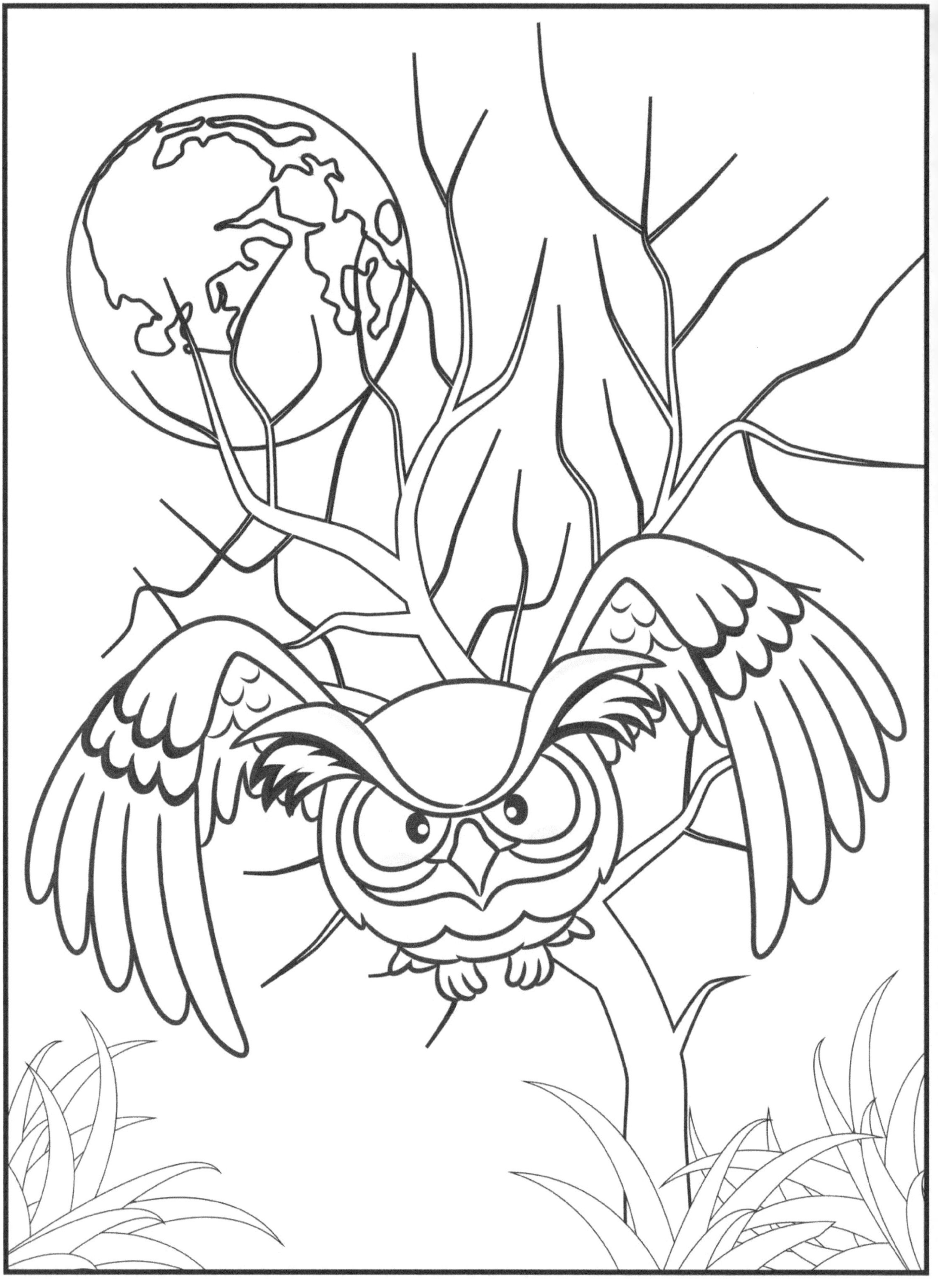

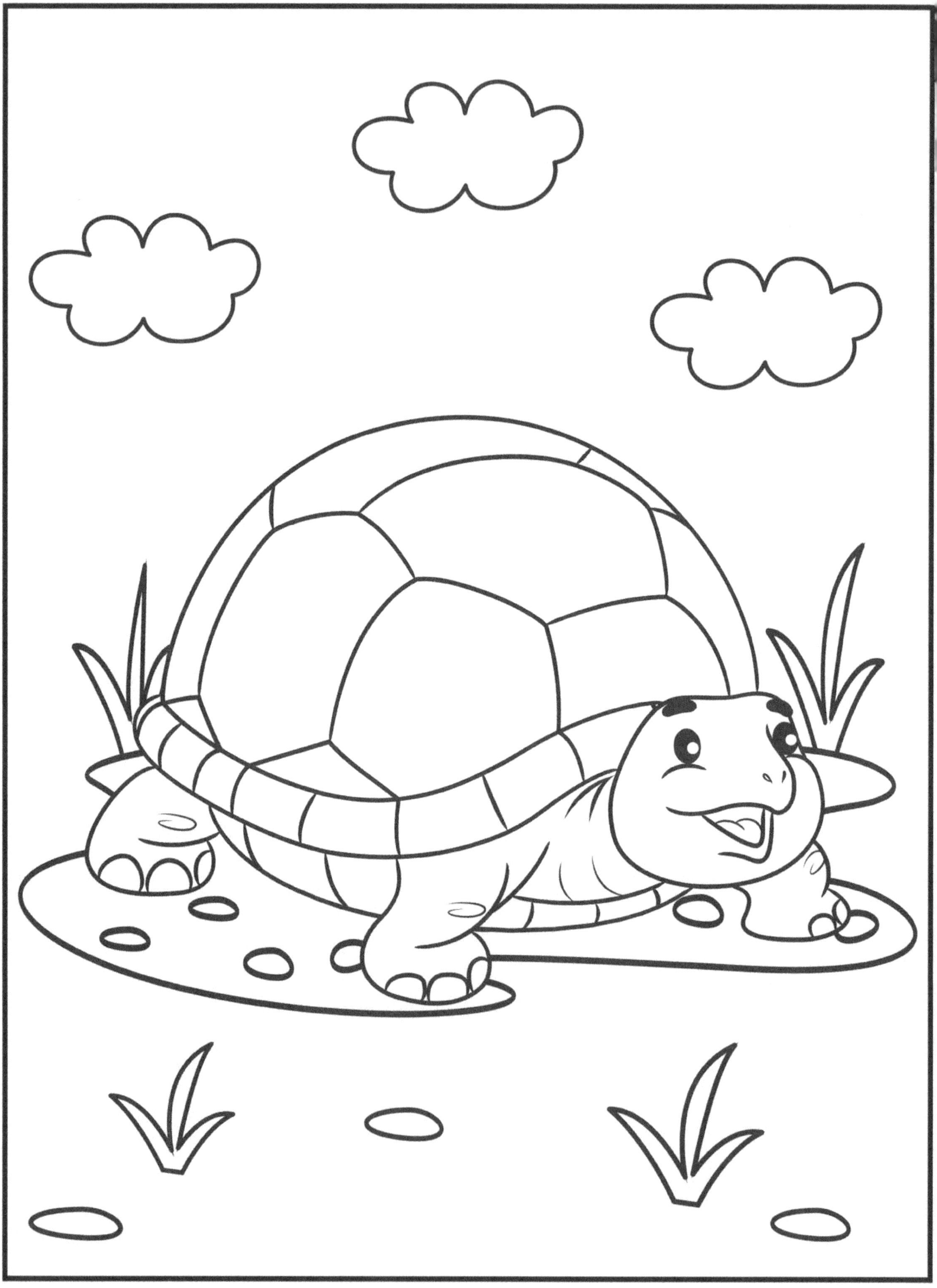

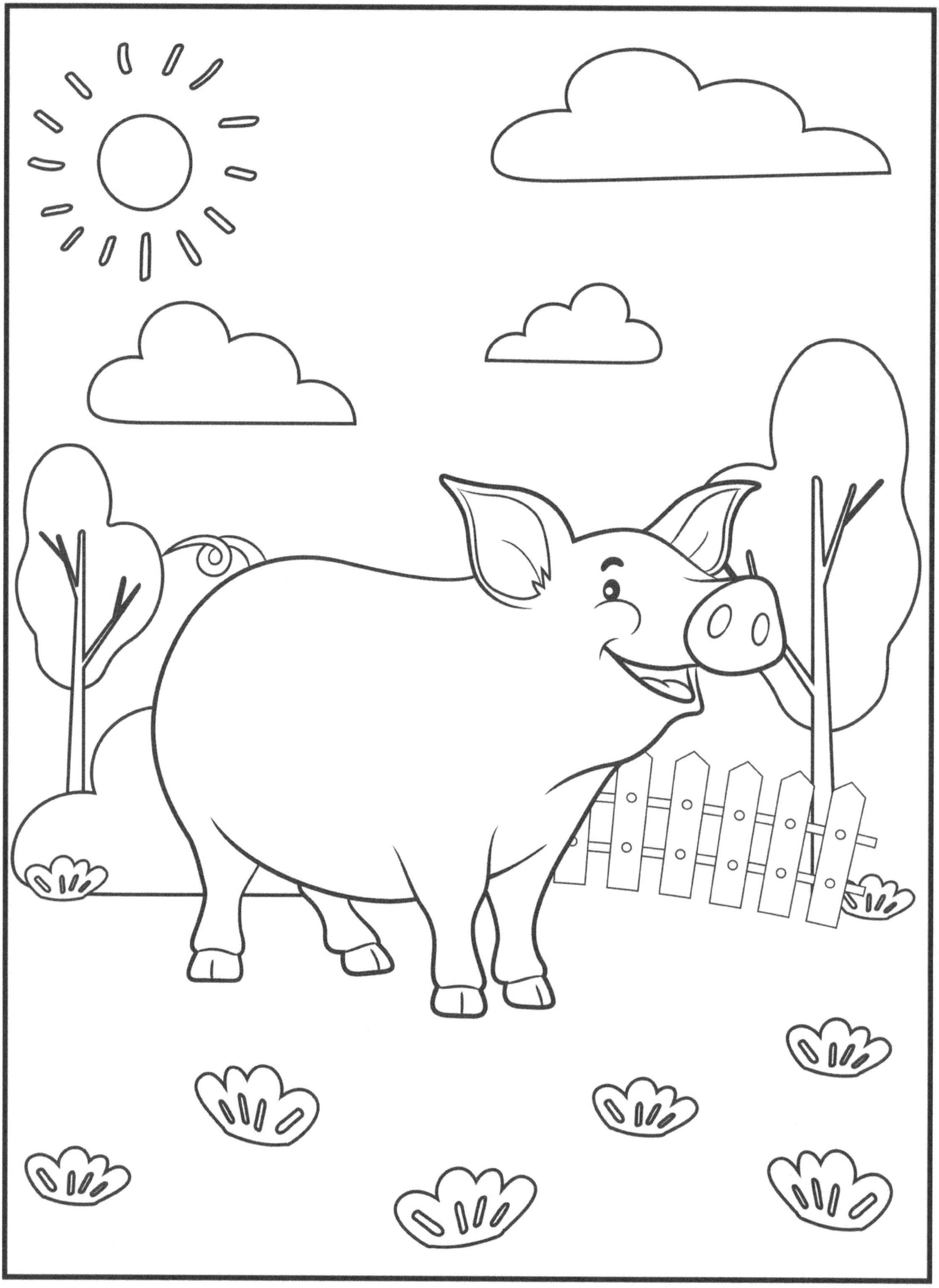

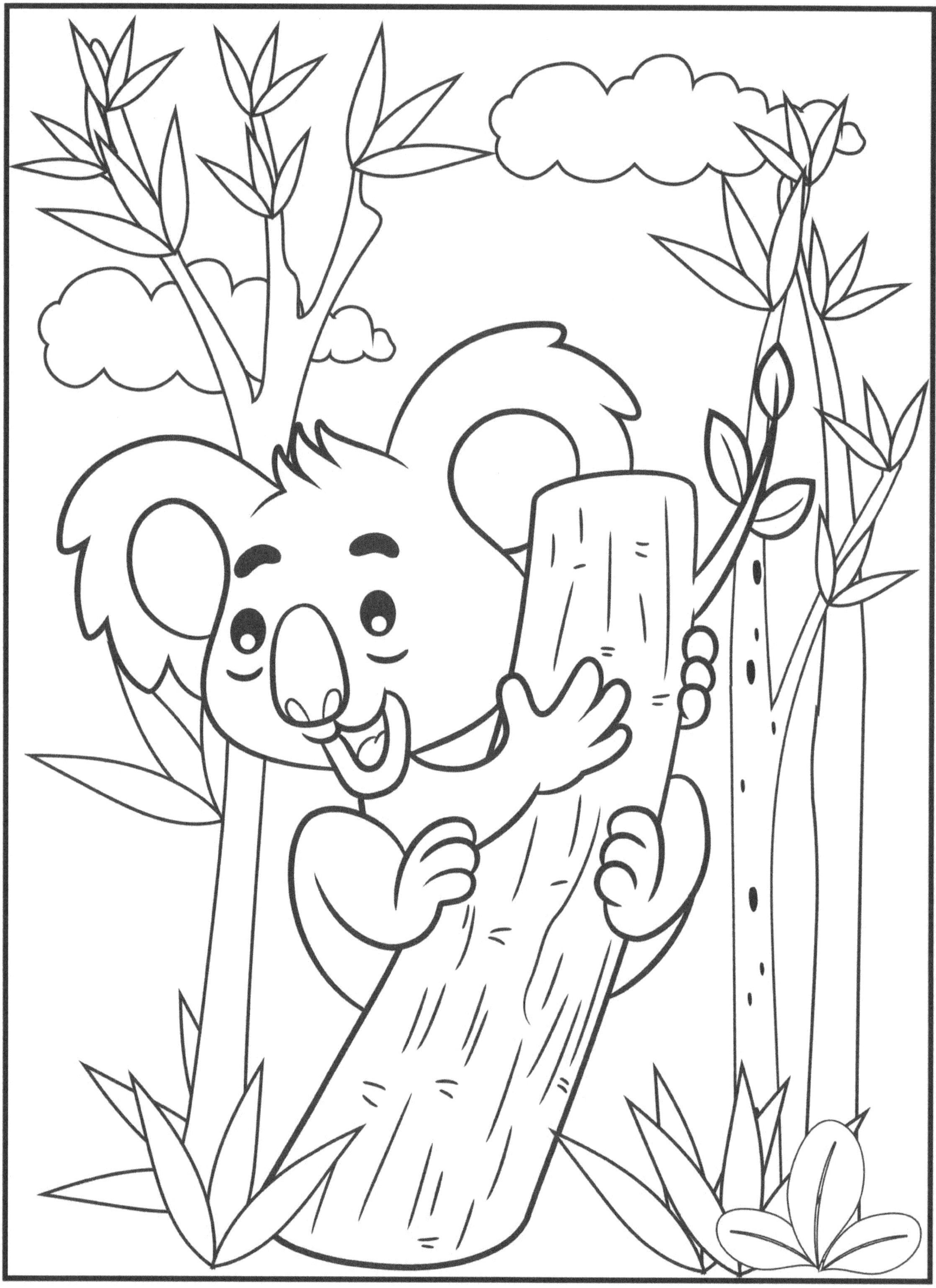

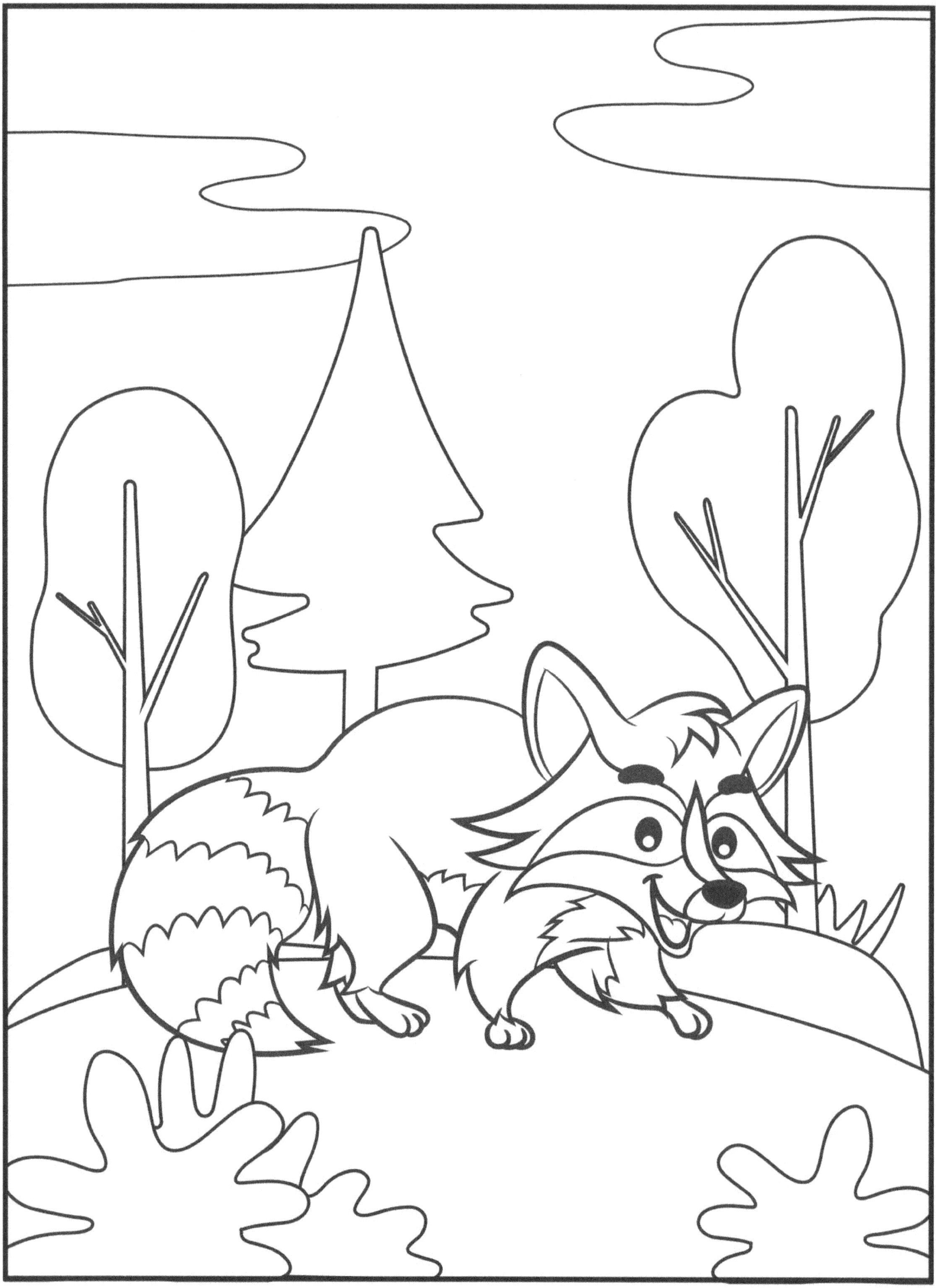

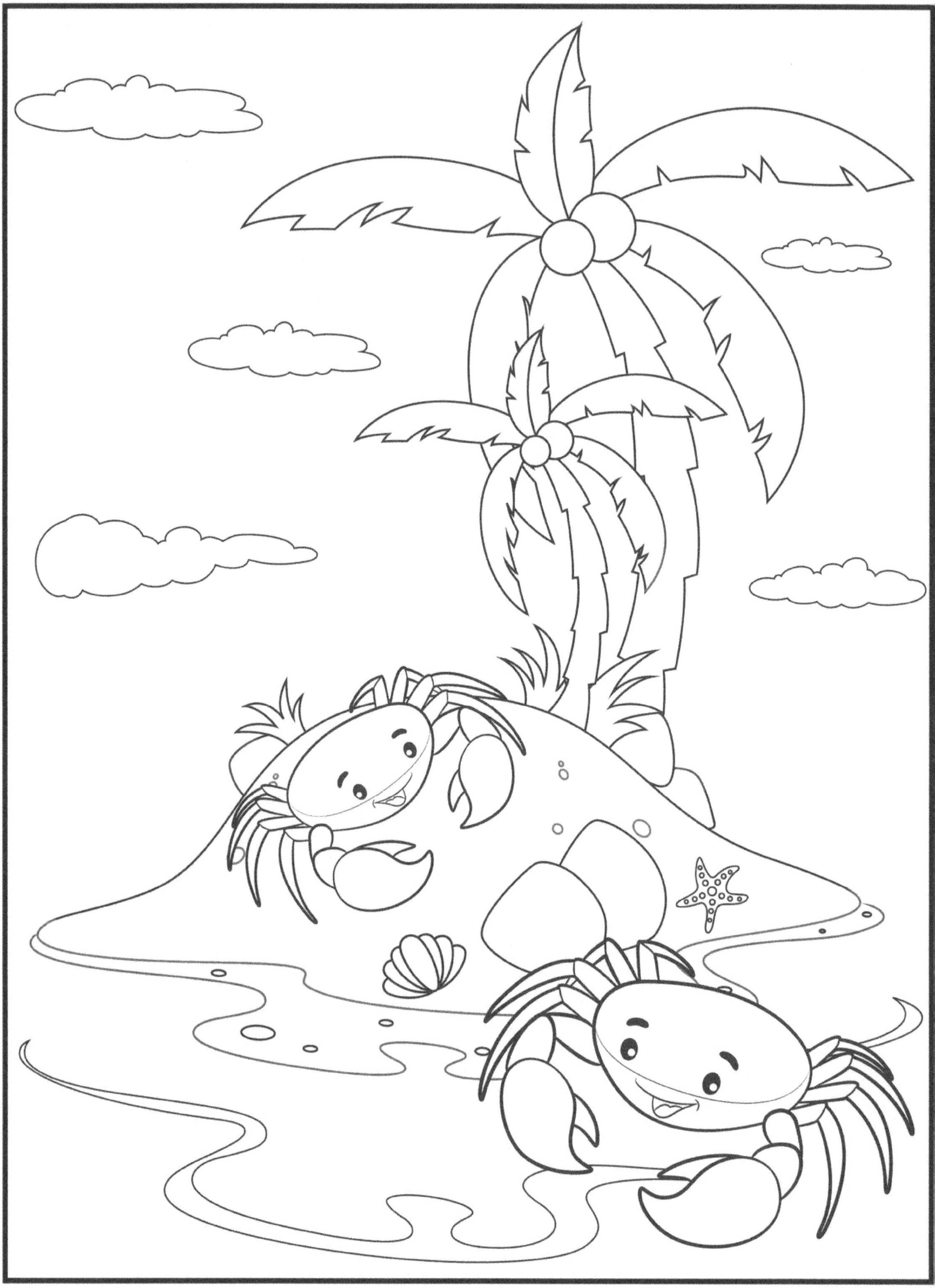

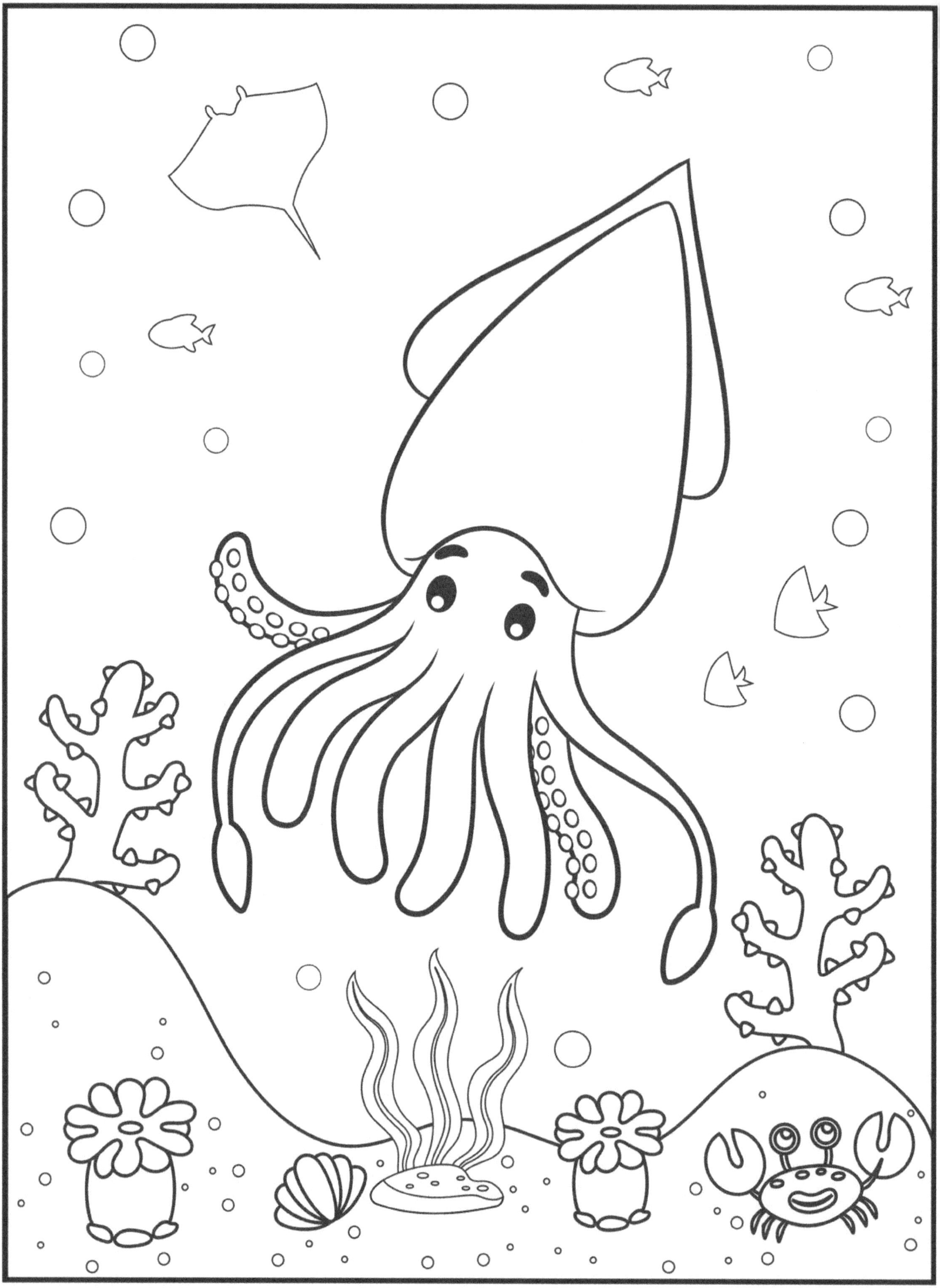

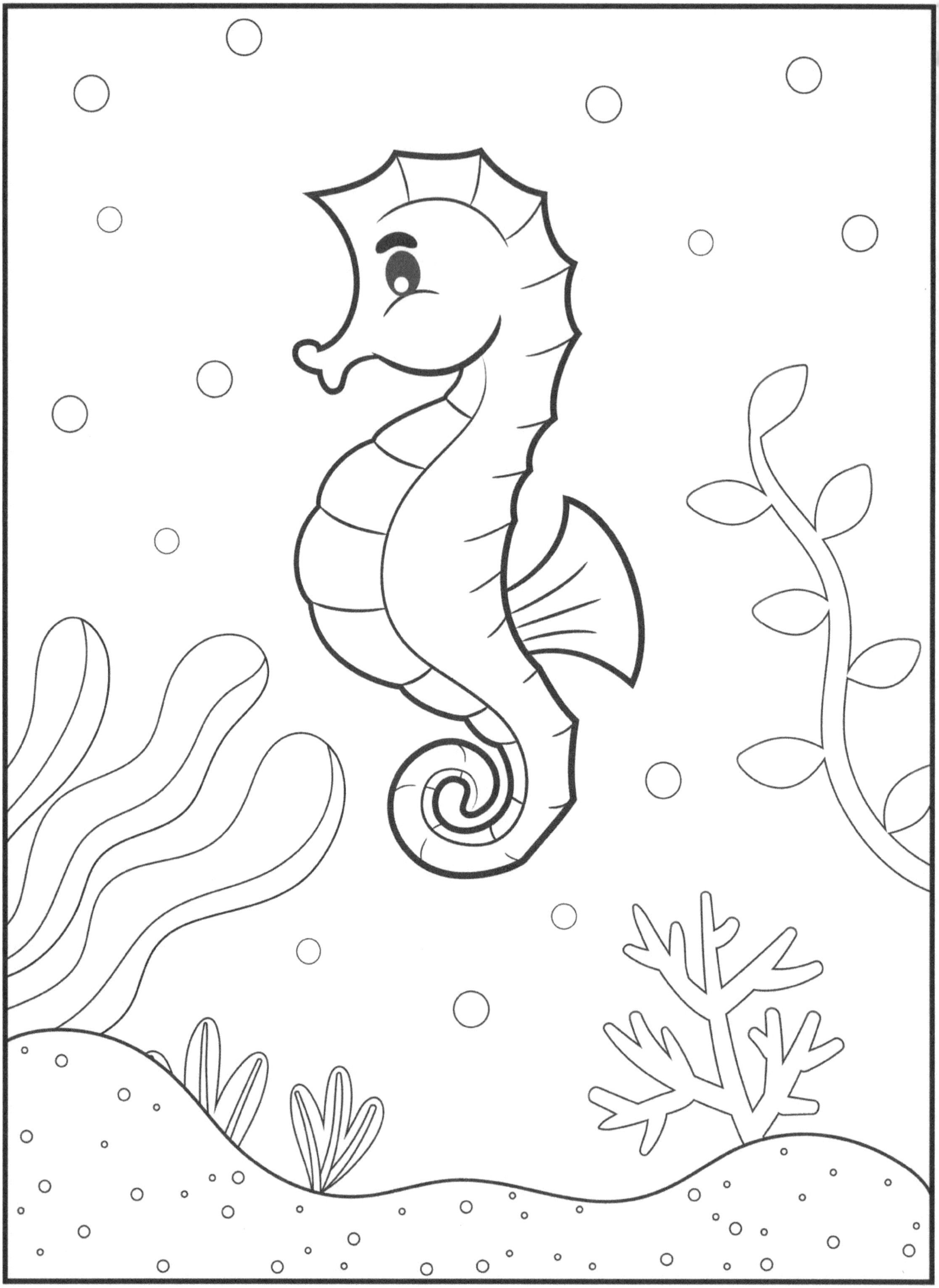

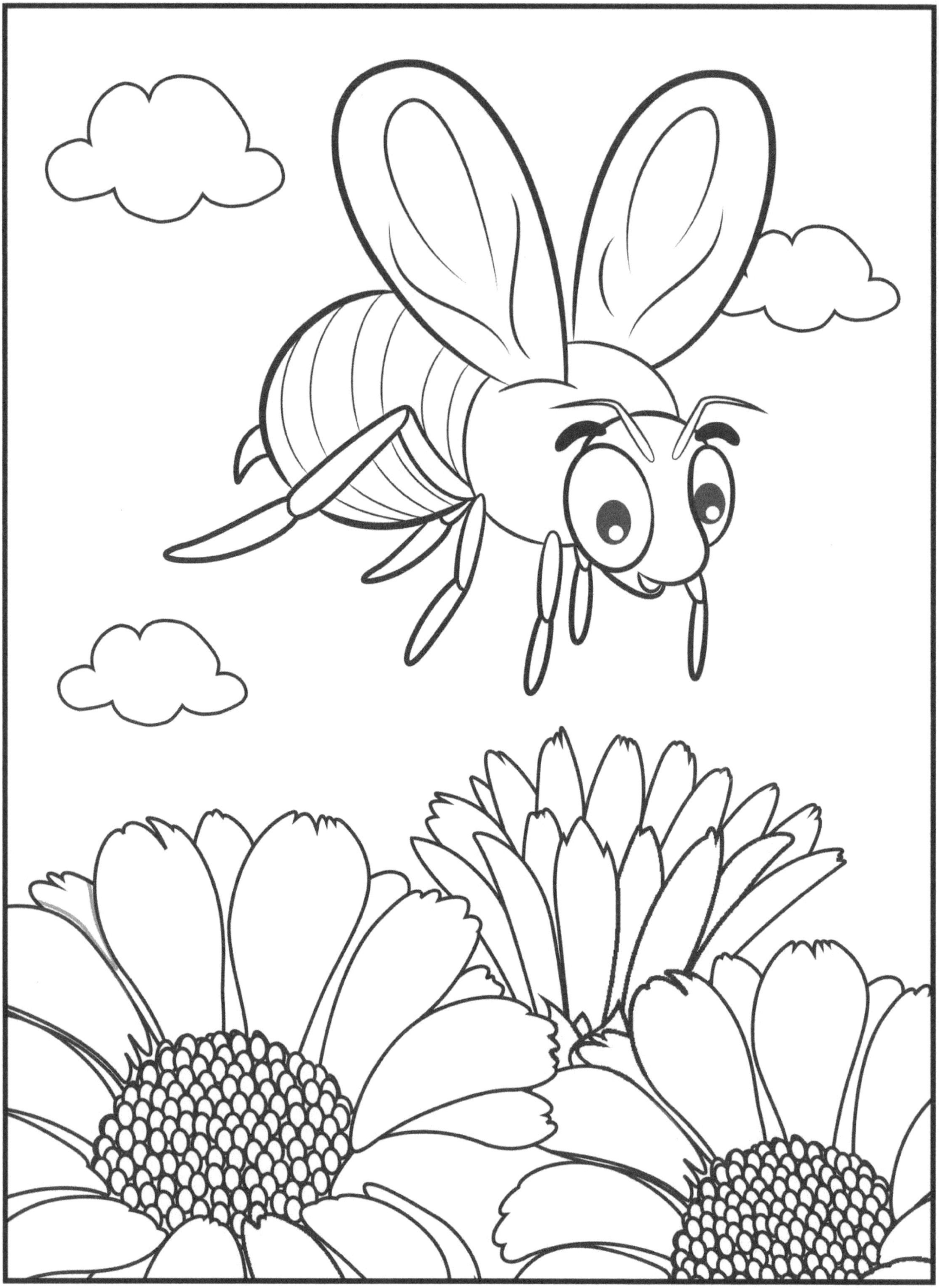

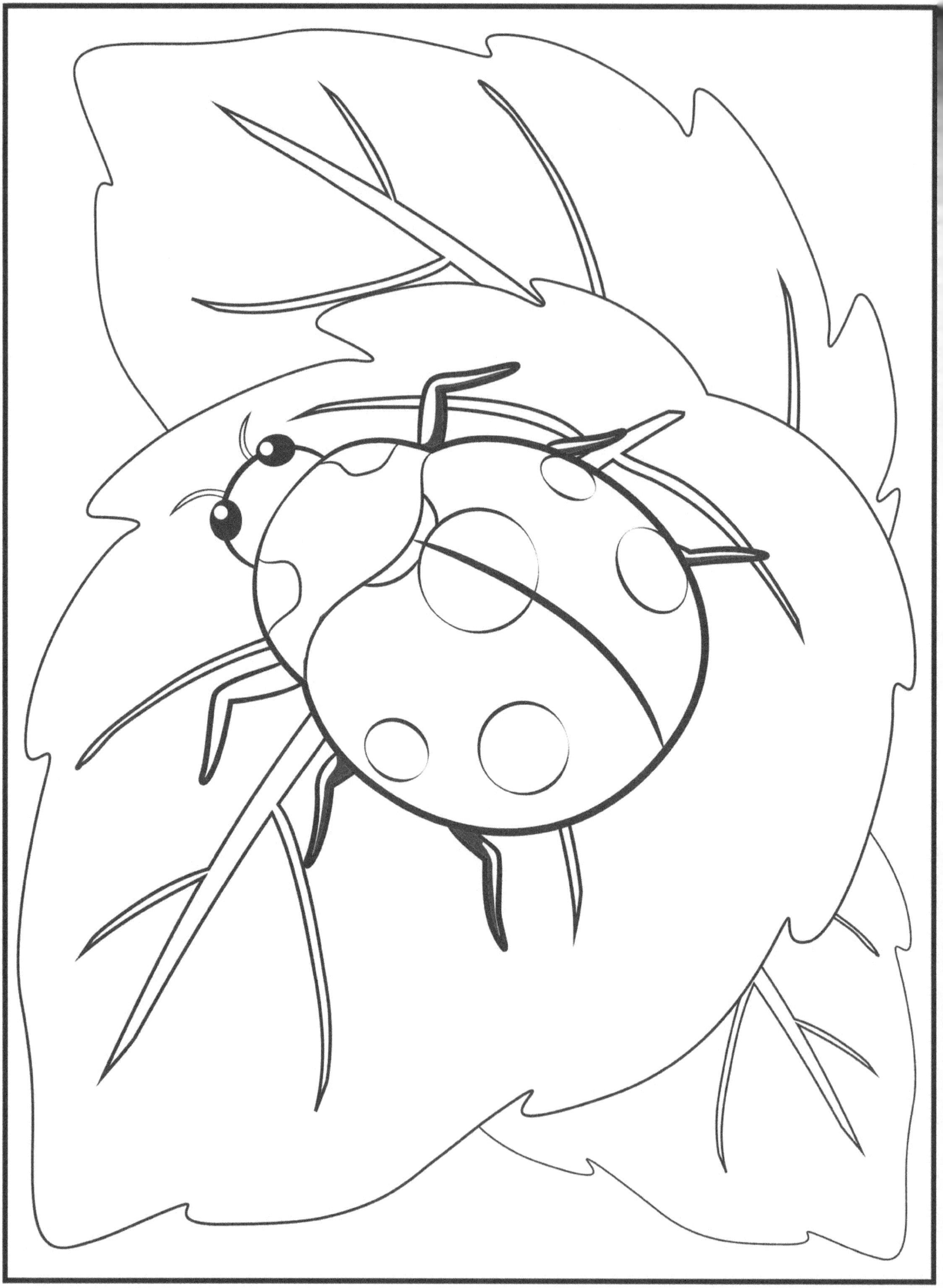

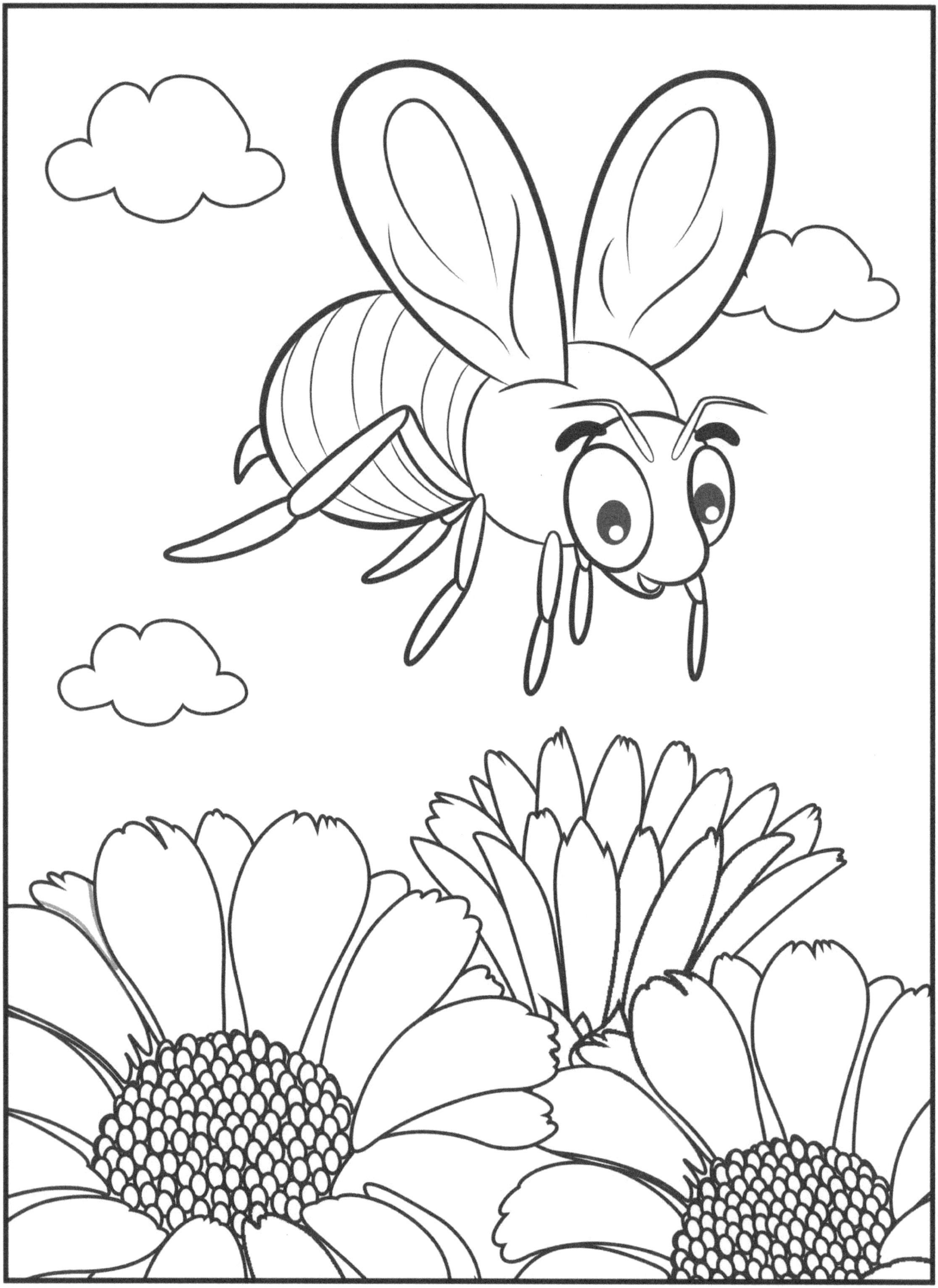

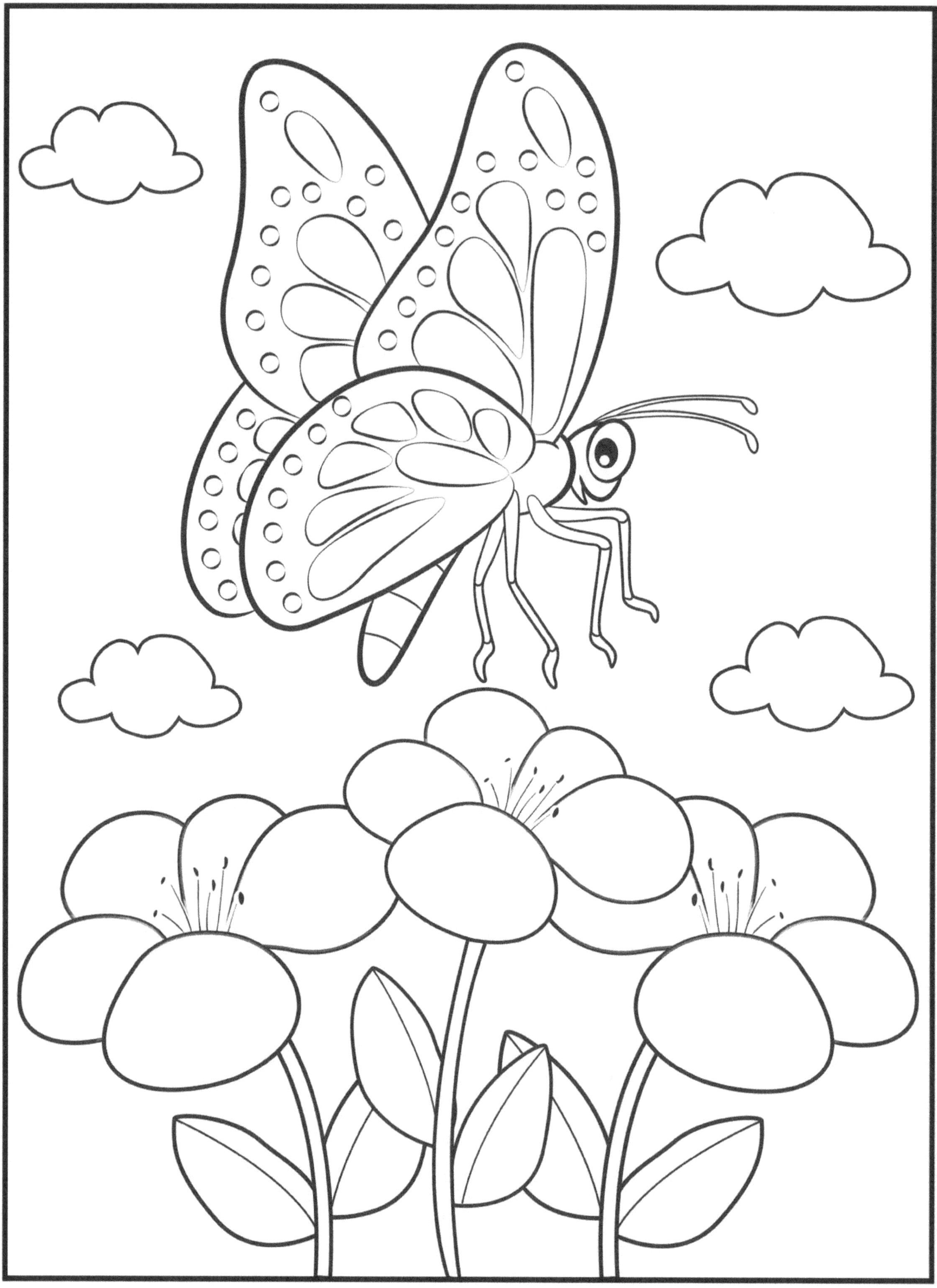

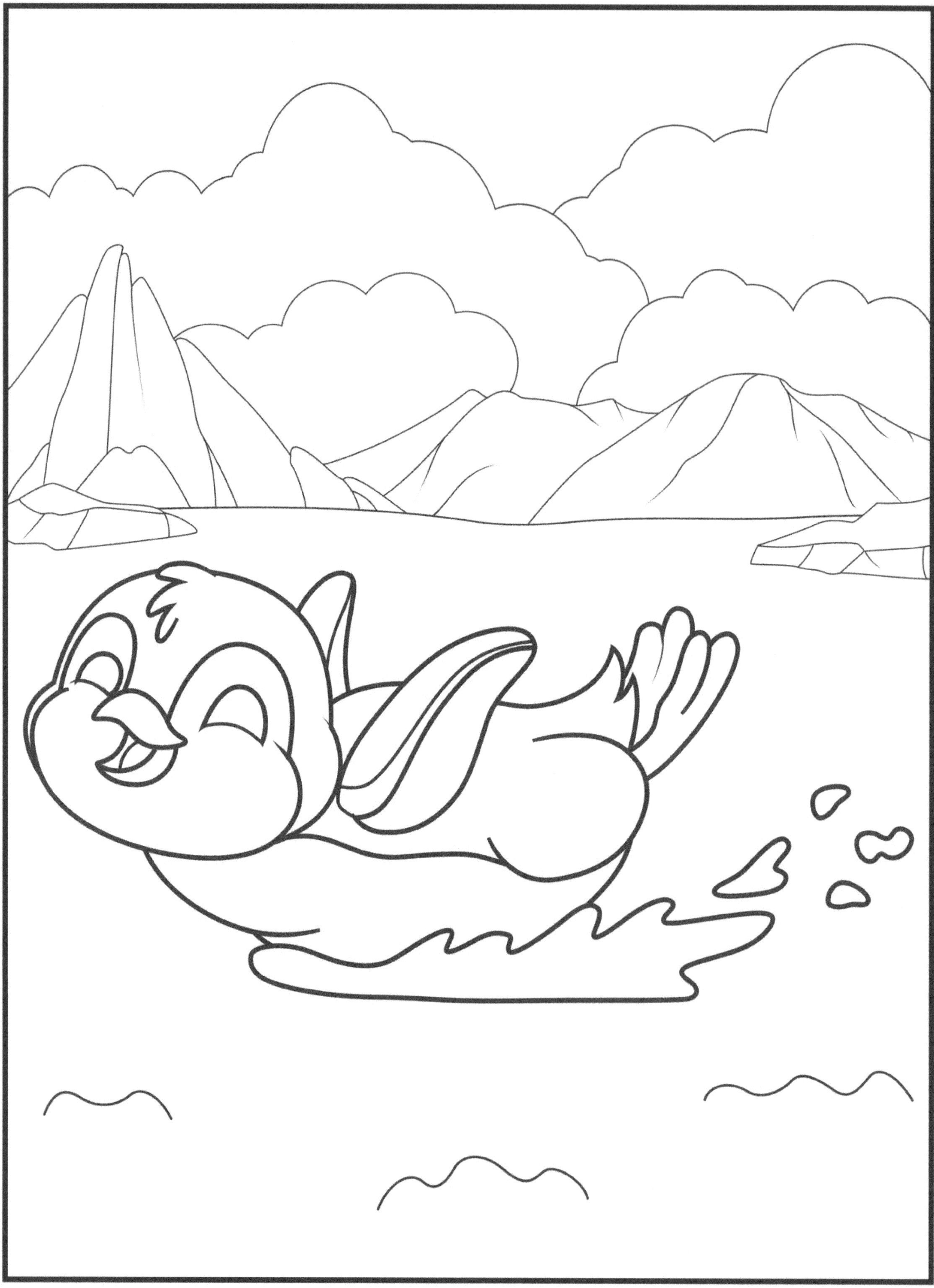

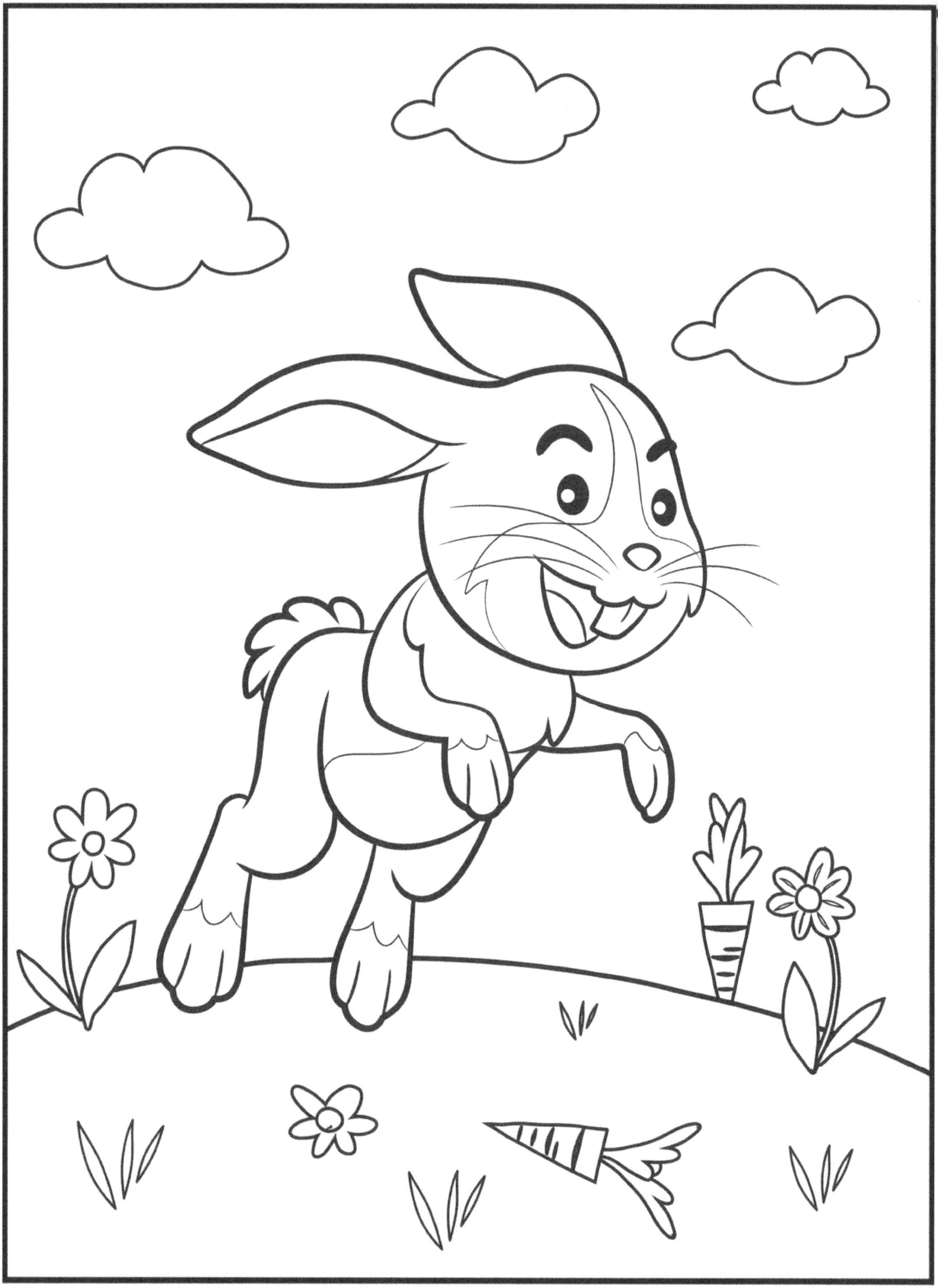

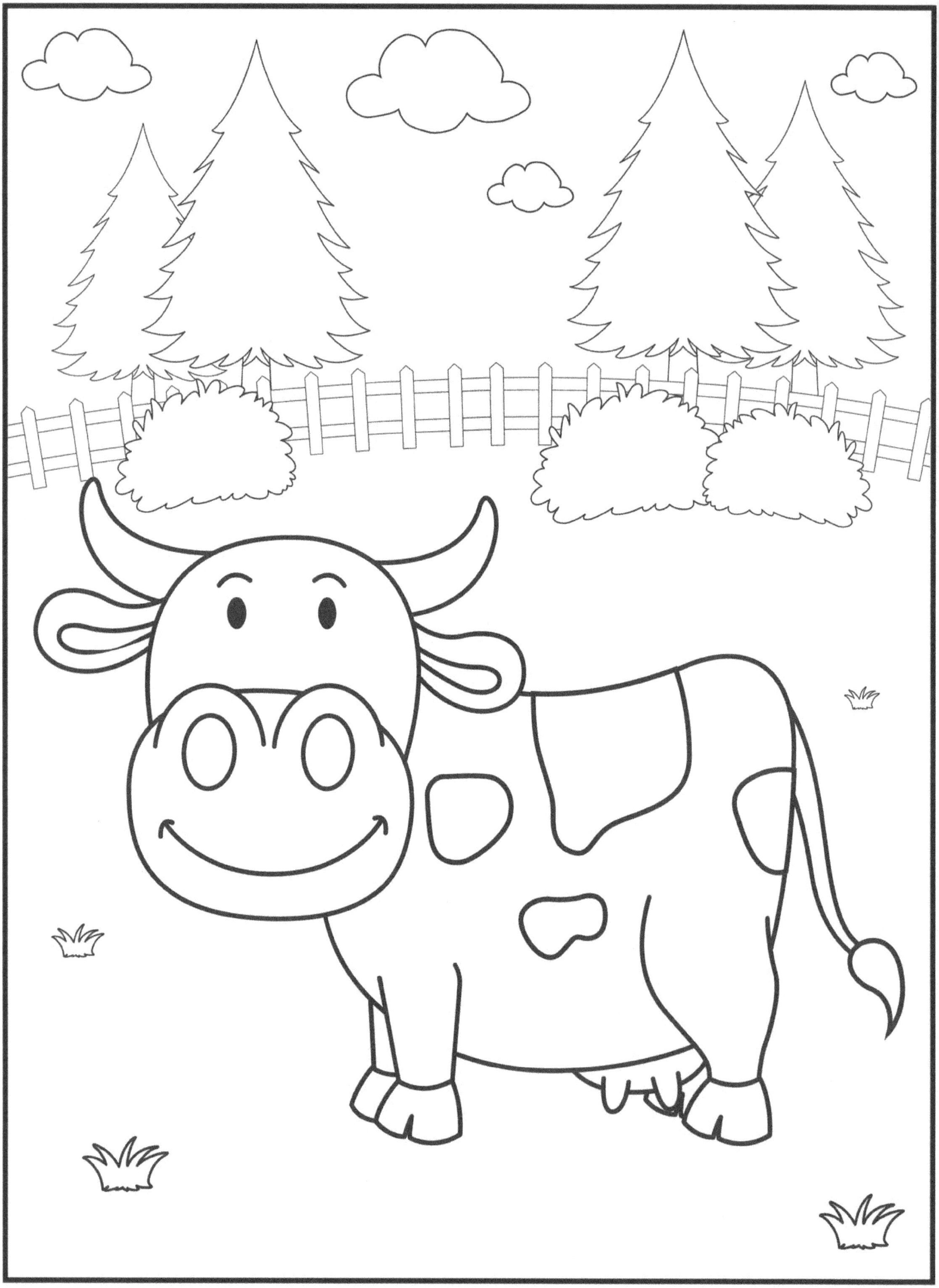

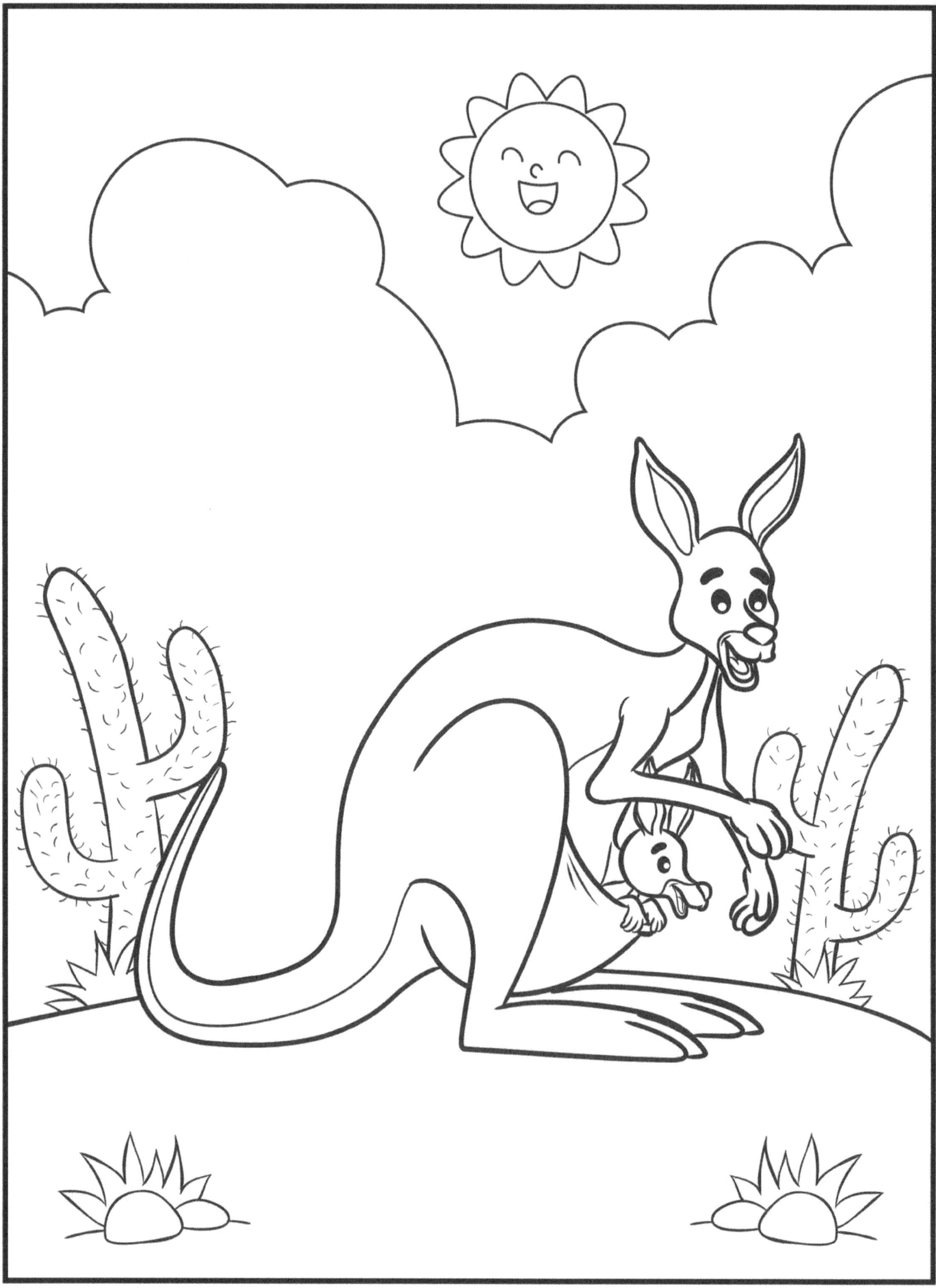

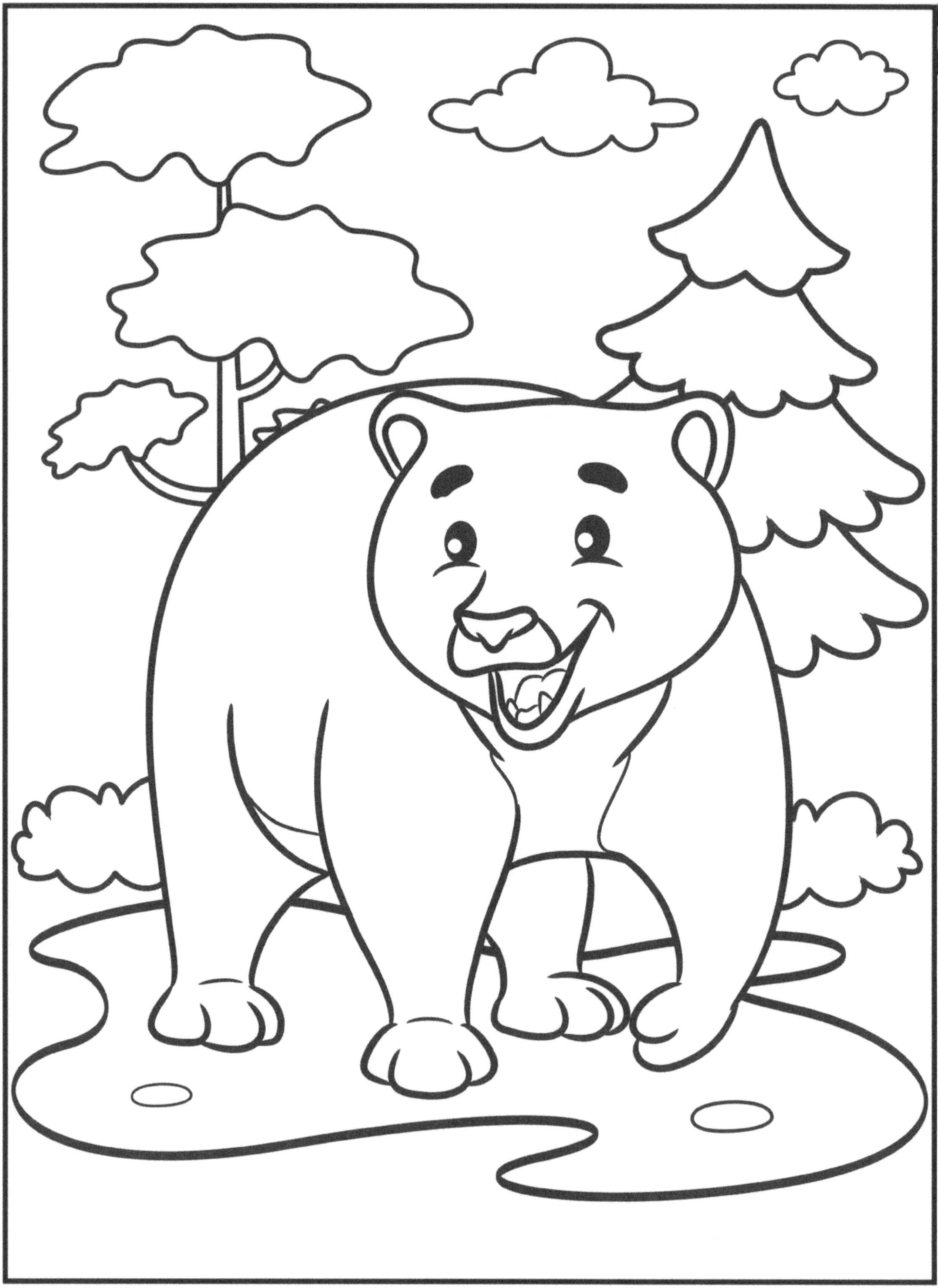

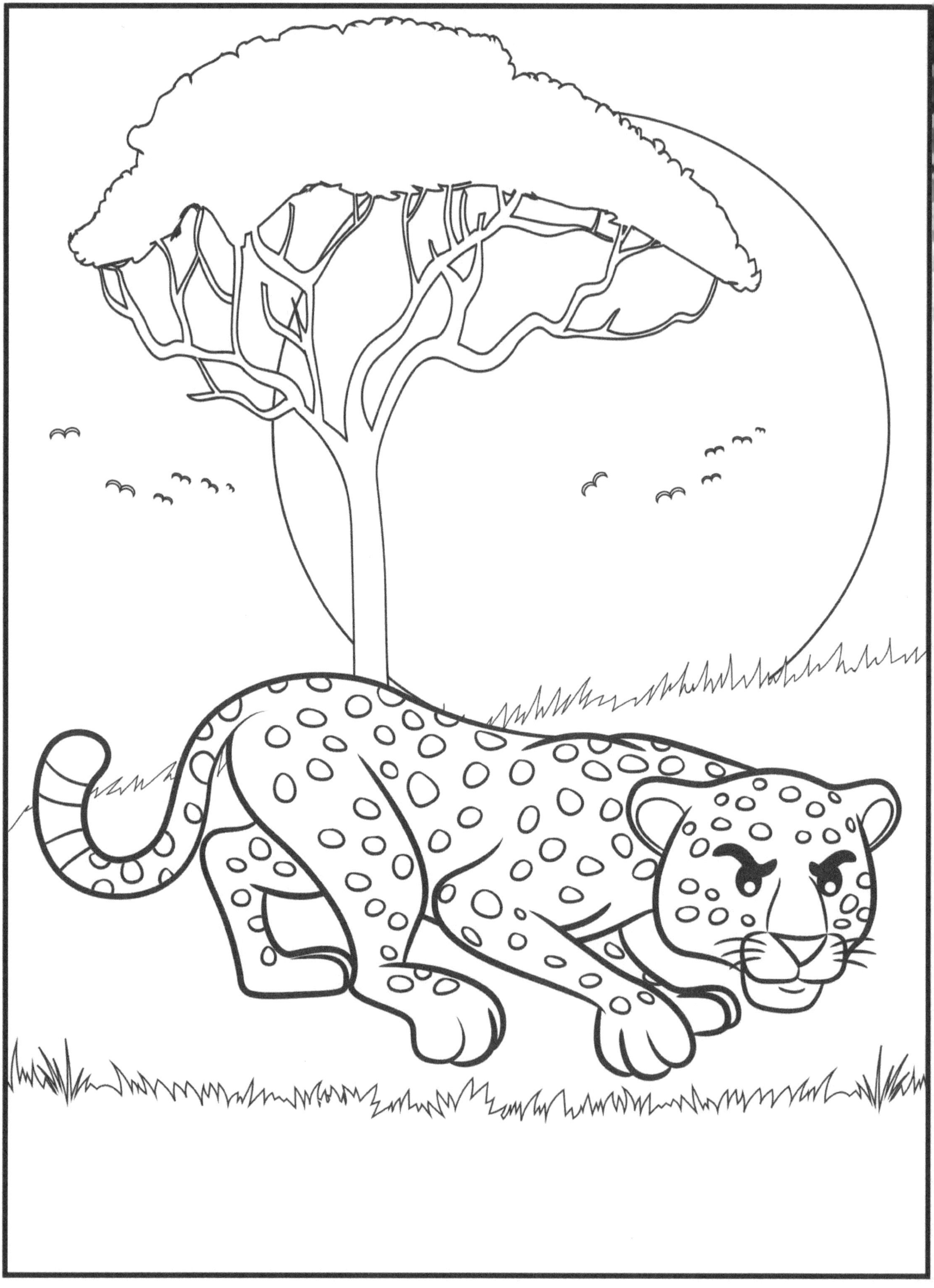

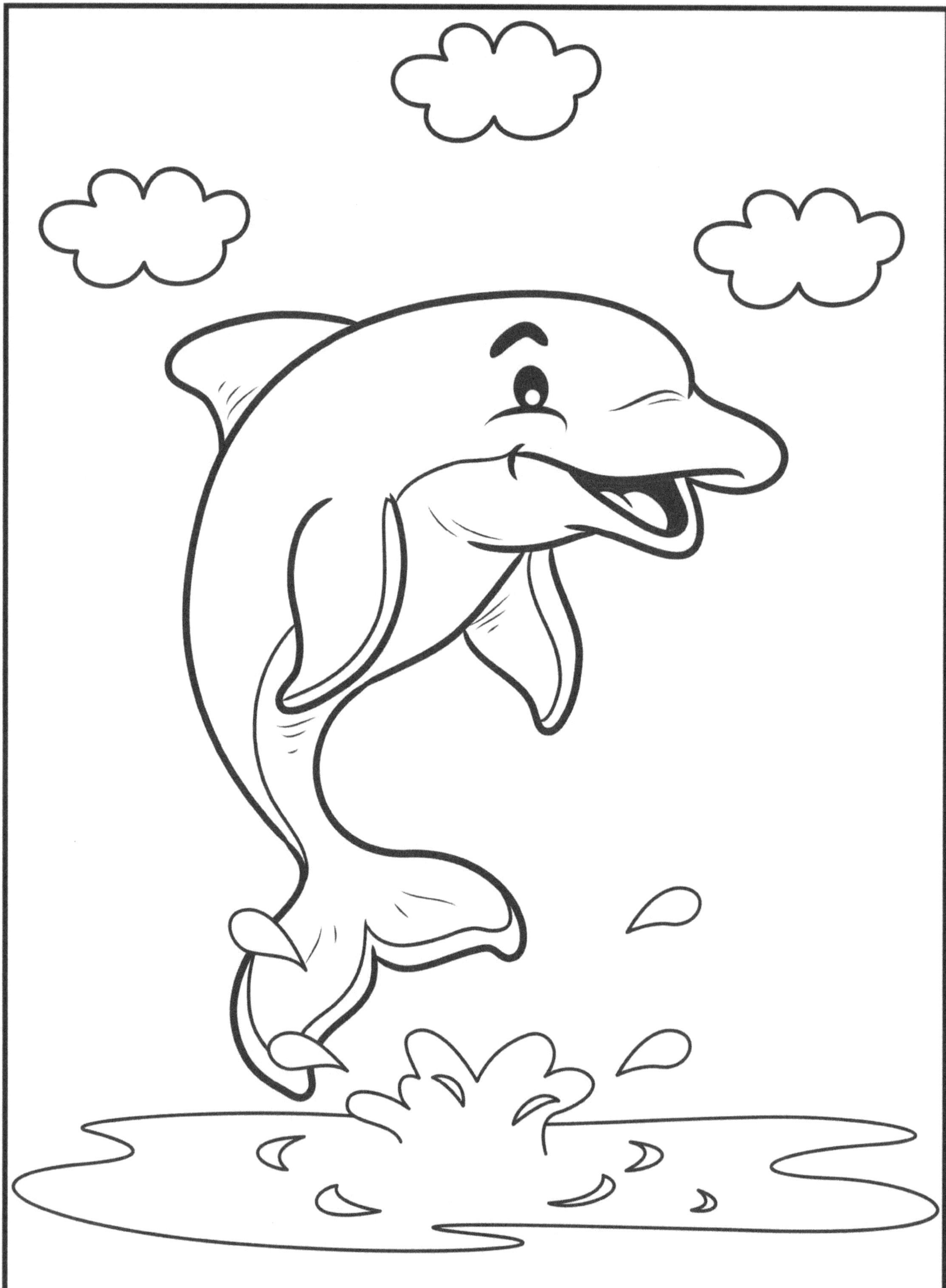

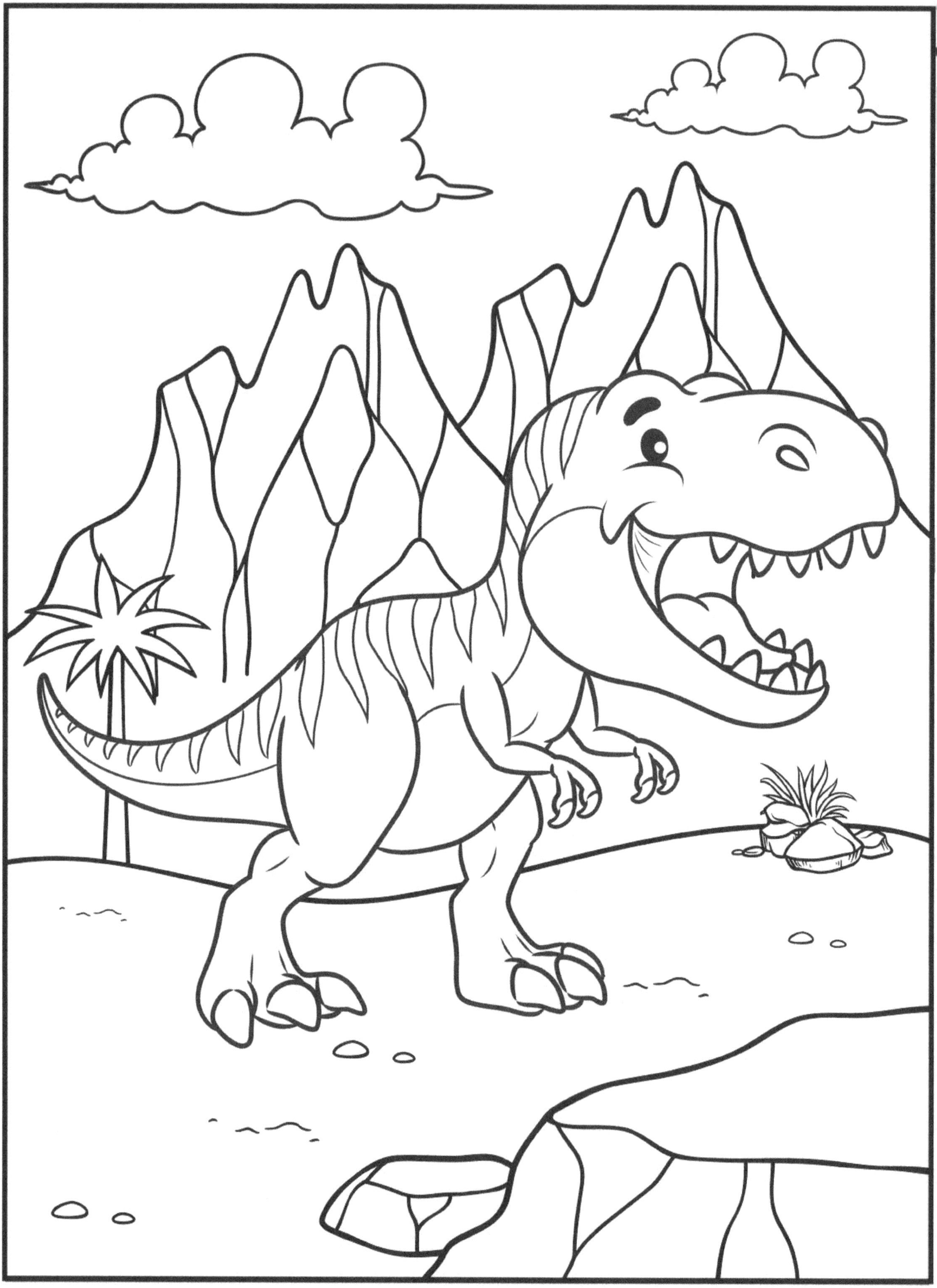

9 788172 253011

Printed at Repro India Ltd.